utb 4899

Eine Arbeitsgemeinschaft der Verlage

W. Bertelsmann Verlag · Bielefeld
Böhlau Verlag · Wien · Köln · Weimar
Verlag Barbara Budrich · Opladen · Toronto
facultas · Wien
Wilhelm Fink · Paderborn
A. Francke Verlag · Tübingen
Haupt Verlag · Bern
Verlag Julius Klinkhardt · Bad Heilbrunn
Mohr Siebeck · Tübingen
Ernst Reinhardt Verlag · München
Ferdinand Schöningh · Paderborn
Eugen Ulmer Verlag · Stuttgart
UVK Verlagsgesellschaft · Konstanz, mit UVK/Lucius · München
Vandenhoeck & Ruprecht · Göttingen
Waxmann · Münster · New York

Serge Ragotzky
Frank Andreas Schittenhelm
Süleyman Toraşan

Business Plan
Schritt für Schritt

Arbeitsbuch

UVK Verlagsgesellschaft mbH · Konstanz
mit UVK/Lucius · München

Online-Angebote oder elektronische Ausgaben sind erhältlich unter www.utb-shop.de.

Bibliografische Information der Deutschen Bibliothek

Die Deutsche Bibliothek verzeichnet diese Publikation in der Deutschen Nationalbibliografie; detaillierte bibliografische Daten sind im Internet über <http://dnb.ddb.de> abrufbar.

Das Werk einschließlich aller seiner Teile ist urheberrechtlich geschützt. Jede Verwertung außerhalb der engen Grenzen des Urheberrechtsgesetzes ist ohne Zustimmung des Verlages unzulässig und strafbar. Das gilt insbesondere für Vervielfältigungen, Übersetzungen, Mikroverfilmungen und die Einspeicherung und Verarbeitung in elektronischen Systemen.

© UVK Verlagsgesellschaft mbH, Konstanz und München 2018
Einbandgestaltung: Atelier Reichert, Stuttgart
Cover-Illustration: © branchecarica – fotolia.com
Druck und Bindung: CPI – Clausen & Bosse, Leck

UVK Verlagsgesellschaft mbH
Schützenstr. 24 · 78462 Konstanz
Tel. 07531-9053-0 · Fax 07531-9053-98
www.uvk.de

UTB-Nr. 4899
ISBN 978-3-8252-4899-4

Vorwort

Betriebswirtschaftliches Denken ist gekennzeichnet durch das ständige Treffen von Entscheidungen. Es sind Entscheidungen, die sich stets im Spannungsfeld von erhofftem Erfolg (ausgedrückt beispielsweise durch Umsatz oder Rendite) und Risiko (im Sinne eines Nichteintretens der geplanten Entwicklungen) bewegen. Gerade in unternehmerischen Phasen großer Unsicherheit in Bezug auf die zukünftige Entwicklung wünscht sich der Entscheider zuverlässige Informationen, um Risiken zu reduzieren. Indes ist der Blick in die Glaskugel leider auch mit den besten Methoden nicht möglich. Möglich und sinnvoll ist es hingegen, durch eine systematische Vorgehensweise möglichst alle Einflussfaktoren zu berücksichtigen und in gewisser Weise abzubilden und zu bewerten. Genau diese Aufgabe übernimmt ein Business Plan. Systematisch werden alle relevanten Aspekte einer Entscheidung aufbereitet, analysiert und bewertet. Das Ergebnis ist eine zusammenfassende Darstellung und Entscheidungshilfe.

Das vorliegende Lehrbuch richtet sich sowohl an Studierende, die eine Hilfestellung im Rahmen einer entsprechenden Lehrveranstaltung benötigen, als auch an Praktiker, die entweder als Entscheider Business Pläne vorgelegt bekommen oder diese selbst erstellen müssen.

Das erste Ziel dieses einführenden Lehrbuchs ist es, einen Überblick über mögliche bzw. von Entscheidern auch erwartete Inhalte eines Business Planes zu geben. Das Verständnis wirtschaftlicher Zusammenhänge spielt hierbei eine nicht unwesentliche Rolle, so dass wir versuchen, dieses durch einen entsprechenden theoretischen Hintergrund zu vermitteln oder zu erweitern. Insbesondere gilt dies für den finanzwirtschaftlichen Teil. Diesen theoretischen Teil haben wir als Exkurs gekennzeichnet und so aufgebaut, dass er in einem ersten Schritt – für den Schnellleser – übersprungen werden kann. Die detaillierte Auseinandersetzung mit den finanzwirtschaftlichen Aspekten hilft indes, Anwendungsmöglichkeiten und Grenzen von Business Plänen zu erkennen und besser zu verstehen.

Vielleicht noch mehr als die theoretischen Grundlagen steht für uns jedoch die praktische Relevanz im Vordergrund. Die im Buch verwendeten Übungsaufgaben sind dementsprechend auf Anwendungsfälle konzentriert. Typischerweise ist die Erstellung der Business Pläne durch sehr viel Recherche gekennzeichnet, die oftmals bei der Ergebnispräsentation nicht mehr relevant ist oder nur kurze Erwähnung findet. Business Pläne münden meist in Präsentationen vor inhomogenen Entscheidergruppen und/oder in einer schriftlichen Ausarbeitung. An dieser Erwartungshaltung soll dieses Lehrbuch ausgerichtet sein. Die meisten Übungsaufgaben in den verschiedenen Kapiteln sind als Anregung zum Nachdenken konzipiert. Da es nach unserem Verständnis hier niemals eine allein gültige Antwort geben kann, verzichten wir dort bewusst auf eine Art Musterlösung, die nur zu falschen Schlüssen führen würde. Für den Finance-Teil stellen wir ein kleines Excel-Tool zur Verfügung. Dies hat den Vorteil, dass die beschriebenen Fälle besser nachvollziehbar sind.

Diese zum Ausdruck gebrachte Interdependenz von theoretischem Wissen und praktischen Anwendungsmöglichkeiten macht die Betriebswirtschaftslehre als Ganzes so reizvoll. Für die Erstellung von Business Plänen gilt dies im Besonderen, da hier nahezu alle für unternehmerische Entscheidungen relevanten Aspekte berücksichtigt werden. Wir wünschen viel Spaß beim Durcharbeiten des Buches und freuen uns auf jede Form der Resonanz.

Inhaltsübersicht

Vorwort 5

Schritt 1: Business Planning – warum eigentlich? 13

Schritt 2: Grundlegende Betrachtungen 37

Schritt 3: Marketing 59

Schritt 4: Finanzen 85

Schritt 5: Schlussbetrachtung 141

Literaturhinweise 145

Glossar 147

Stichwortverzeichnis 153

Inhaltsverzeichnis

Vorwort 5

Schritt 1: Business Planning – warum eigentlich? 13

1.1 Ziele eines Business Plans 13
    1.1.1 Beherrschung von Komplexität 14
    1.1.2 Gewinnung von Kapitalgebern 15
    1.1.3 Entscheidungsunterstützung im Innovationsprozess 18

1.2 Anwendungsfälle 19
    1.2.1 Neugründungen 20
    1.2.2 Gründung von Tochterunternehmen 21
    1.2.3 Projektbewertung 22
    1.2.4 Wachstumsfinanzierung 23
    1.2.5 Unternehmensverkauf 24

1.3 Inhalte eines Business Plans 24
    1.3.1 Gibt es einen Markt? 25
    1.3.2 Rechnet sich die Investition? 26
    1.3.3 Wesentliche Annahmen 28
    1.3.4 Weitere Aspekte 29

1.4 Adressaten eines Business Plans 31
    1.4.1 Unternehmensentscheider 31
    1.4.2 Kapitalgeber 32
    1.4.3 Der Ersteller selbst 33

1.5 Kritik an Business Plänen 34

Schritt 2: Grundlegende Betrachtungen 37

2.1 Management Summary 39
2.2 Business Case Beschreibung 40
2.3 Projekt- bzw. Gründerteam 41
2.4 Projektplan 41

2.5	Standort des Unternehmens	43
	2.5.1 Standortfaktoren	44
	2.5.2 Entscheidungsmodelle zur Standortwahl	46
2.6	Rechtliche Rahmenbedingungen	48
	2.6.1 Rechtsform	49
	2.6.2 Rechtliche und steuerliche Rahmenbedingungen	52
2.7	Unternehmensverbindungen	54
2.8	Finanzierungsoptionen	56

Schritt 3: Marketing **59**

3.1	Marktanalyse	60
	3.1.1 Marktdefinition	61
	3.1.2 Analyse des Gesamtmarktes und Marktsegmentierung	65
	3.1.3 Analyse der Marktanteile	67
3.2	Marketing-Strategie	69
	3.2.1 BCG-Matrix	69
	3.2.2 Produktlebenszykluskurve	70
	3.2.3 SWOT-Analyse	71
	3.2.4 Porters Five Forces	71
3.3	Marketing-Mix	73
	3.3.1 Produktstrategie	75
	3.3.2 Preisstrategie	77
	3.3.3 Kommunikationsstrategie	79
	3.3.4 Distributions- und Vertriebsstrategie	81
	3.3.5 Weitere Aspekte	83

Schritt 4: Finanzen **85**

4.1	Projektion der Rechnungslegung	86
	4.1.1 Plan-Bilanzen und Plan-GuVs	87
	4.1.2 Plan-Kapitalflussrechnung	94
4.2	Cash Flow Ermittlung	98
	4.2.1 Cash Flow Identity	99

uvk-lucius.de/schritt-fuer-schritt

	4.2.2	Free Cash Flow	102
4.3		Cash Flow Bewertung	107
	4.3.1	Berechnung und Interpretation des Kapitalwerts	108
	4.3.2	Berechnung und Interpretation des Internen Zinses	110
	4.3.3	Berechnung und Interpretation der Amortisationsdauer	111
	4.3.4	Bestimmung einer Benchmark-Rendite	113
4.4		Business Cases	114
	4.4.1	Beispiel: JV GmbH	115
	4.4.2	Beispiel: XY AG	124
4.5		Liquiditätsrechnung	126
4.6		Risikobewertung	128
	4.6.1	Szenario-Analysen	129
	4.6.2	Break-even Analyse	129
	4.6.3	Sonstige Methoden	130
4.7		Exkurs	130
	4.7.1	Kennzahlen aus der Bilanz- und GuV-Analyse	130
	4.7.2	Terminal Value	133
	4.7.3	Free Cash Flows	134
4.8		Lösungen zu ausgewählten Übungsaufgaben	137

Schritt 5: Schlussbetrachtung **141**

Literaturhinweise **145**

Glossar **147**

Stichwortverzeichnis **153**

Schritt 1: Business Planning – warum eigentlich?

Lernziele

> Im ersten einführenden Kapitel erhalten Sie einen Überblick über Ziele des Business Planning und die möglichen Anwendungsfelder. Die wesentlichen Inhalte eines Business Plans werden skizziert und typische Adressaten eines Business Plans werden vorgestellt. Eine kritische Auseinandersetzung mit Chancen und Risiken, die durch ein unreflektiertes Übernehmen der Ergebnisse eines Business Plans verbunden sind, runden das Kapitel ab.

1.1 Ziele eines Business Plans

Business Pläne werden heute in vielen betriebswirtschaftlichen Situationen nachgefragt, beispielsweise innerhalb eines Innovationsprozesses, bei Investitionsentscheidungen oder bei Kreditanfragen. Ziel ist es, die wirtschaftlichen Rahmenbedingungen möglichst ganzheitlich zu erfassen und damit eine fundierte Entscheidungsgrundlage zu schaffen, sei es, um eine Investition zu tätigen, eine Finanzierung zu genehmigen oder eine Innovation weiterzuentwickeln. Damit lassen sich vier wesentliche Ziele eines Business Plans formulieren:

- Unterstützung bei Investitionsentscheidungen durch Reduktion von Komplexität und Erhöhung der Transparenz insbesondere bei Umsatz- und Kostenprognosen
- Überzeugung und Gewinnung von Kapitalgebern
- Schaffung von Entscheidungsgrundlagen bei potenziellen Innovationen
- Basis für zukunftsorientierte Unternehmensbewertungen

1.1.1 Beherrschung von Komplexität

Investitionen sind allgemein Ausgaben, die erst nach einem zeitlichen Verzug einen Rückfluss erwarten lassen. Die Investition kann monetär erfolgen, aber auch in einem persönlichen zeitlichen Engagement bestehen. In jedem Fall wird sich ein Investor die Frage stellen, ob die entsprechende Investition einen ausreichenden Nutzen generiert. Grundsätzlich erwarten wir zwar in aller Regel einen monetären Nutzen, dies muss aber nicht unbedingt sein. Insofern ist an dieser Stelle der Terminus Nutzen angebrachter als der der Rendite.

An was kann sich ein Investor nun bei seiner Entscheidung orientieren? Entscheidungen sind schwierig, weil sie komplex sind. Viele unterschiedliche Aspekte gilt es zu berücksichtigen, und in einigen Fällen ist eine quantitative Bewertung kaum sinnvoll möglich. Vor- und Nachteile einer Investition sind abzuwägen. „Mein Bauchgefühl sagt mir" ist nicht umsonst eine gern verwendete Redensart. Das „Bauchgefühl" umgeht die aufwendige Festlegung von Entscheidungskriterien und die systematische Suche nach Informationen und deren Analyse.

Gerade letzteres ist hingegen das Ziel eines Business Plans. Der Ersteller wird gezwungen oder zwingt sich selbst zu einer systematischen Vorgehensweise bei der Vorbereitung der Investitionsentscheidung. Diese ist gekennzeichnet durch die Erfassung aller durch die Investition tangierten Bereiche und anschließend durch eine objektive Entscheidungsregel. Es ist zwar nicht in jedem Fall notwendig, gerade bei größeren Investitionen hat sich aber zwischenzeitlich in der Praxis ein Verfahren durchgesetzt, bei dem versucht wird, dies anhand der Modellierung des Unternehmens mit Hilfe der Rechnungslegung darzustellen. Im vorliegenden Lehrbuch orientieren wir uns daran.

Beispiel

Beim Kauf eines neuen Autos könnten folgende Kriterien Ihre Entscheidung beeinflussen:

- Preis und Finanzierungsmöglichkeiten
- Verfügbarkeit
- Farbe und Ausstattung
- Markenimage

Die „Rückflüsse" aus Ihrer Investitionsentscheidung sind eher nicht-monetärer Art: Schnelligkeit, Transportmöglichkeiten, Sich-wichtig-fühlen etc.

1.1 Ziele eines Business Plans

Merke

Investitionsentscheidungen sind häufig durch große Komplexität gekennzeichnet. Aufgabe und Ziel des Business Plans ist es, diese Komplexität beherrschbar zu machen und eine neutrale Entscheidung für oder gegen die Investition zu treffen.

Übungsaufgabe 1.1

Sie planen den Kauf einer Immobilie. Diskutieren Sie mit Freunden und Verwandten, welche Entscheidungskriterien wichtig sind. Wo ergeben sich konkurrierende Interessen?

1.1.2 Gewinnung von Kapitalgebern

Eine Investition setzt per definitionem voraus, dass eine Finanzierung vorliegen muss. Das können eigene Mittel sein oder aber – wie meist – Finanzierungen durch Dritte. In solchen Fällen dient der Business Plan dazu, den potenziellen Kapitalgeber von der Profitabilität und / oder der Sicherheit Finanzierung zu überzeugen. Im unternehmerischen Umfeld unterscheidet man hierzu zwischen Eigenkapital und Fremdkapital. Diese Unterscheidung ist dahingehend wichtig, als dass die Erwartungshaltung und Zielsetzung der beiden Kapitalgeber divergiert. Der Eigenkapitalgeber ist am Gewinn des Unternehmens beteiligt, trägt aber auch das Risiko des Scheiterns. Der Fremdkapitalgeber erhält typischerweise eine Kompensation in Form einer regelmäßigen Zinszahlung. Außerdem sind Mittel, die als Fremdkapital zur Verfügung gestellt werden, zeitlich befristet.

	Eigenkapital	**Fremdkapital**
Kompensation	Dividende, Betrag nicht festgelegt, evtl. unregelmäßig	Zinszahlung, Betrag festgelegt, regelmäßig
zeitliche Befristung aus Sicht des Unternehmens	keine	i.d.R. begrenzte Laufzeit
zeitliche Befristung aus Sicht des Kapitalgebers	gegeben durch Sekundärmarkt	nur z.T. gegeben durch Sekundärmarkt
Steuern aus Sicht des Unternehmens	Dividenden stellen keinen Aufwand dar	Zinszahlungen stellen Aufwand dar
Steuern aus Sicht des Kapitalgebers	Dividendenerträge sind zu versteuern	Zinserträge sind zu versteuern
Risiko aus Sicht des Unternehmens	Geringer, da keine Rückzahlung notwendig	Rückzahlungsschwierigkeiten können zur Insolvenz führen
Risiko aus Sicht des Kapitalgebers	höher, deshalb Erwartung einer höheren Rendite	geringer, deshalb Erwartung einer geringeren Rendite

Abb.1.1: Vergleich Eigen- und Fremdkapital

Der Fremdkapitalgeber bewertet einen Business Plan demzufolge anders als der Eigenkapitalgeber. Für den Fremdkapitalgeber steht die Solvabilität des Unternehmens im Vordergrund, große Unsicherheiten bezüglich der zukünftigen Entwicklungen sind eher unerwünscht. Der Eigenkapitalgeber hingegen orientiert sich stärker an den vorhandenen Renditechancen, wenngleich er das der Finanzierung innewohnende Risiko nicht vernachlässigen sollte. Zudem ist das von einem Eigenkapitalgeber geforderte Rendite-Risiko-Profil in hohem Maße von dem Entwicklungsstadium des Unternehmens abhängig. Start-ups, die noch keine Umsätze generieren, bergen ein viel größeres Risiko als etablierte Unternehmen, die sich schon lange am Markt bewiesen haben, und nur für eine Expansion zusätzliches Kapital benötigen. Entsprechend wird die Renditeerwartung an das Start-up höher sein.

> **Merke**
>
> Ein Business Plan informiert über die Entwicklung einer Investition und dient dazu, Kapitalgeber davon zu überzeugen, dass eine Finanzierung sicher und rentabel ist.

Übungsaufgabe 1.2

Sie präsentieren einem potenziellen Geldgeber Ihren Business Plan. Was dürfte für den Geldgeber besonders wichtig sein? Bewerten Sie die nachfolgenden Finanzierungsformen hinsichtlich der Wichtigkeit (sehr wichtig – wichtig – neutral – unwichtig – sehr unwichtig) der gegebenen Entscheidungskriterien.

Finanzierungs-form aus Sicht des Kapitalgebers	Entscheidungskriterium				
	Geschäftsmodell	Marketingstrategie	Risikoanalyse	Liquiditätsplanung	Steuer
Aktienerwerb					
Erwerb von GmbH-Anteil					
Bereitstellung von Venture-Capital					
Gewährung eines Bankkredits					
Zeichnung einer Anleihe					
Gewährung einer Mezzanine-Finanzierung					

1.1.3 Entscheidungsunterstützung im Innovationsprozess

Innovationen lassen sich grob in Produkt- und Prozessinnovationen einteilen. Produktinnovationen sind zumeist die nach außen deutlich sichtbareren: die Erfindungen von Auto, Flugzeug, Telefon oder Computer haben die Welt verändert. Prozessinnovationen hingegen führen meist zu Kosteneinsparungen und damit größerer Wettbewerbsfähigkeit in einem bereits bestehenden Markt. Hier sei beispielsweise an die Fließbandfertigung unter Henry Ford gedacht. Innovationen spielen bei wirtschaftlichem Handeln stets eine zentrale Rolle. Nur durch ständige Innovationen bleibt man als Unternehmen langfristig wettbewerbsfähig.

Roman Stöger umschreibt in seinem Buch „Innovationsmanagement" das selbige kurz als „Neues zum Markterfolg führen". Wirtschaftlicher Erfolg spielt somit immer die herausragende Rolle, Innovationsmanagement heißt aber auch „Führen", und so werden in fast allen Unternehmen auch strukturierte Innovationsprozesse eingeführt. Diese sind fast immer dadurch gekennzeichnet, dass Innovation im Laufe des Prozesses bestimmte Kriterien erfüllen müssen, um weiter entwickelt zu werden. Man spricht von einem Stage-Gate-Prozess (vgl. Abbildung 1.2). Gleichzeitig versucht man gerade bei der Ideengewinnung, dem sogenannten „Fuzzy-Front-End", die Kreativität nicht zu stark einzuschränken. Das gelingt allerdings nicht immer.

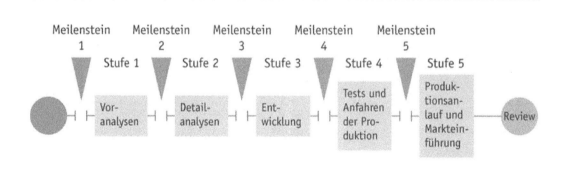

Abb.1.2: Stage-Gate-Prozess nach Cooper (Quelle: Kleinschmitt, E./ Geschka, H./ Cooper, R.: Produktinnovationen an Markt und Kunden ausrichten, Berlin 1996, S. 52f.)

Die Entscheidung, ob eine Idee eine weitere Stufe im Innovationsprozess erklimmt, kann naturgemäß leicht geprägt sein von persönlichen Interessen und Sichtweisen. Deshalb tun Unternehmen gut daran, diese Entscheidungen möglichst anhand transparenter und möglichst objektiver Kriterien vorzunehmen. Ein Business Plan kann hierbei unterstützen. Im obigen Stage-Gate-Prozess wird man zumeist zwischen Stufe 2 und 3 einen fundierten Business Plan erwarten.

Merke

Moderne Innovationsprozesse sind heute durch eine stufenweise Vorgehensweise gekennzeichnet. Auf jeder Stufe muss eine Entscheidung getroffen werden, ob eine Idee weiterverfolgt werden soll. Business Pläne unterstützen diese Entscheidung.

Übungsaufgabe 1.3

Diskutieren Sie folgendes Zitat von Albert Einstein im Zusammenhang mit den oben gemachten Ausführungen.

„Eine wirklich gute Idee erkennt man daran, dass ihre Verwirklichung von vornherein ausgeschlossen erschien." (Albert Einstein)

Welche Gefahren liegen in einer zu starren Orientierung an Business Plänen bei der Bewertung, ob Ideen Innovationspotenzial besitzen?

1.2 Anwendungsfälle

Grundsätzlich können Business Pläne immer dann Anwendung finden, wenn betriebswirtschaftliche Entscheidungen zu treffen sind. Dies kann monetäre Investitionen betreffen, aber auch strategische Entscheidungen, die keine direkten Investitionen implizieren, können durch Business Pläne unterstützt bzw. gefestigt werden. Wir wollen uns auf folgende Fälle konzentrieren:

- Neugründung eines Unternehmens (Start-up)
- Gründung von Tochterunternehmen

- Projektbewertung
- Wachstumsfinanzierung
- Unternehmensverkauf

Merke

Business Pläne können vielfältig eingesetzt werden. Sie dienen der Entscheidungsunterstützung und sollten alle relevanten Informationen berücksichtigen. Die Kunst bei der Erstellung eines Business Plans liegt im Hinzuziehen von Experten und der anschließenden Erstellung einer in sich geschlossenen Symbiose aller gesammelten Informationen.

1.2.1 Neugründungen

Gerade für Start-ups ist die detaillierte Auseinandersetzung mit der eigenen Geschäftsidee fundamental. Getrieben von der eigenen unternehmerischen Idee geht der Blick für Risiken häufig verloren. Chancen werden typischerweise deutlich überschätzt, Risiken und Kosten unterschätzt oder häufig sogar komplett vernachlässigt und ignoriert. Ein Business Plan mit seiner systematischen Abarbeitung aller betriebswirtschaftlich relevanten Themen hilft, diese Lücke zu schließen. Ein hehrer Anspruch bei höchster Qualität den niedrigsten Preis zu gewähren, stellt sich dann meist als unmöglich dar. Nichtsdestotrotz zeigt sich, dass trotz ehrlicher Bemühungen Kosten tendenziell meist unterschätzt werden.

Der Vorteil liegt hierbei weniger in der Cent-genauen Bewertung, die meistens nicht möglich ist, sondern in dem Zwang, alle Aspekte einer Neugründung zu hinterfragen.

Übungsaufgabe 1.4

Spielen Sie den Fall einer Unternehmensgründung anhand eines Restaurants durch. Was gibt es hierbei zu beachten? Welche Produkte möchten Sie verkaufen? Welche Lieferanten versorgen Sie mit den passenden Zutaten? Welche Preispolitik betreiben Sie? Wie machen Sie auf sich aufmerksam? Wo wollen Sie Ihr Restaurant eröffnen? Was kommt finanziell auf Sie zu? Was gibt es sonst noch zu beachten?

_____

_____

_____

_____

_____

_____

_____

_____

1.2.2 Gründung von Tochterunternehmen

Die Gründung von Tochterunternehmen dient zumeist der Erschließung neuer Märkte. Dies kann sich auf neue Produkte beziehen, aber auch auf eine regionale Expansion. Beides stellt etablierte Unternehmen vor neue Herausforderungen, da Kenntnisse über den neu zu adressierenden Markt zumeist noch nicht in ausreichendem Maße vorhanden sind. Sollen Investitionen in bisher nicht bedienten Ländern getätigt werden, müssen auch lokale rechtliche und wirtschaftliche Rahmenbedingungen berücksichtigt werden, die regelmäßig das Hinzuziehen von externer Expertise verlangen.

> **Übungsaufgabe 1.5**
>
> Als deutsches Unternehmen (beispielhaft sind hier die Alfred Kärcher GmbH & Co. KG und die Stihl Holding AG & Co. KG genannt) entschließen Sie sich, ein Tochterunternehmen in China zu gründen. Analysieren Sie, welche Kriterien bei der Investitionsentscheidung in welcher Form relevant sind.

	Kärcher	Stihl	eigenes Beispiel
Standort			
Patentschutz			
Personal			
Zulieferer			

...			
...			
...			
...			

1.2.3 Projektbewertung

Projekte können als interne Unternehmensgründungen angesehen werden. Insofern sind die Übergänge fließend. Dementsprechend gelten bei Projekten grundsätzlich ähnliche Anforderungen an Business Pläne wie bei Neugründungen und Gründungen von Tochterunternehmen, allerdings ist die Komplexität oftmals geringer. Marketingaspekte und Finanzierungsfragen stehen bei Projektbewertungen i.d.R. weniger im Vordergrund und der Fokus richtet sich eher auf Kostenaspekte und Renditebetrachtungen.

Übungsaufgabe 1.6

Als Projektmanager bei einem führenden deutschen Automobilhersteller werden Sie mit der Markteinführung eines neuen Modells beauftragt. In wie weit unterscheidet sich diese Aufgabe (Projekt) von einer Neugründung?

_____
_____
_____
_____
_____
_____
_____
_____

1.2.4 Wachstumsfinanzierung

Viele junge Unternehmen weisen angesichts hoher Wachstumsraten große Chancen auf, deren zeitnahe Realisierung aber vom Einsatz zusätzlichen (oft externen) Kapitals anhängt. Dieses Wachstumskapital wird oft auch mit dem angelsächsischen Ausdruck „Growth Capital" bezeichnet. Wachstumsunternehmen können mindestens durch erste Umsätze belegen, dass für ihre Produkte ein Markt vorhanden ist, also ein sogenannter „proof of concept" erfolgt ist. In einigen Fällen erzielen Wachstumsunternehmen sogar bereits Gewinne, haben also den „break-even" erreicht.

Durch den Nachweis erster Erfolge erschließen sich diese Unternehmen im Vergleich etwa zu noch umsatzlosen Start-ups (sog. „Pre-revenue-Unternehmen") einen breiteren Investorenkreis, weil die Investitionsrisiken nun schon etwas genauer eingeschätzt werden können. Die Gewinnung dieser Investoren wird durch einen Business Plan erleichtert, wenn dieser transparent macht, wie zusätzliche Finanzmittel das Wachstum beschleunigen und helfen, eine größere Gesamtrendite zu erzielen. Konkret wird z.B. erläutert, wie vorhandene Produktsortimente erweitert oder neue regionale Absatzmärkte mit zusätzlichem Werbeaufwand schneller erobert werden können.

> **Übungsaufgabe 1.7**
>
> Ihr junges E-Commerce-Unternehmen verkauft Nahrungsergänzungsmittel (Vitamine und Mineralstoffe) per online-Bestellung an Kunden in Deutschland, Österreich und der Schweiz. Sie möchten als nächstes aus Deutschland heraus ohne Gründung eines Tochterunternehmens in die Niederlande verkaufen. Wie entscheiden Sie, welche Produkte Sie dort zuerst verkaufen? Wofür müssen Sie zusätzliche Kosten antizipieren? Worauf müssen Sie besonders achten?

1.2.5 Unternehmensverkauf

Viele Unternehmer wollen sich irgendwann aus Altersgründen zurückziehen oder auf andere unternehmerische und private Aktivitäten konzentrieren. Wenn nicht zufällig im eigenen Umfeld eine geeignete Person (z.B. ein eigenes Kind) die Nachfolge antreten kann und möchte, kommt es meistens zum Unternehmensverkauf. Auch große Konzerne verkaufen häufig Tochtergesellschaften, wenn sie sich auf Kernaktivitäten konzentrieren wollen.

Die Erstellung eines Business Plans, die häufig auf bereits vorhandenen internen Planungen und Budgets aufsetzen kann, hilft dem Eigentümer, den Unternehmenswert und etwaigen Verkaufserlös besser einschätzen zu können. Auch für einen möglichen Käufer oder Investor ist der Business Plan hilfreich, weil er die künftigen Umsätze und Kosten transparenter macht sowie die daraus ableitbaren Zahlungsüberschüsse und deren Barwert zu plausibilisieren hilft. Dadurch wird der potentielle Käufer in die Lage versetzt, den intrinsischen Unternehmenswert und etwaige Synergiepotenziale mit bereits vorhandenen Geschäftsfeldern zu ermitteln. Selbstverständlich wird er die Annahmen des Business Plans kritisch hinterfragen und möglicherweise auch an einigen Stellen korrigieren. Aber auch im Falle derartiger Korrekturen liefert der Business Plan eine wertvolle Basis für seine Investitionsentscheidung. Da vielfach ein Unternehmenskauf anteilig mit Bankkrediten finanziert wird, ist dieser auch für die kreditgebende(n) Bank(en) von Interesse.

Ein vom Verkäufer erstellter oder beauftragter Business Plan sollte die getroffenen Annahmen detailliert und verständlich darstellen. Der Detaillierungsgrad sollte genügen, um legitime Nachfragen (z.B. nach Absatzzahlen, Produktinnovationen, Preisveränderungen oder Umsatzaufschlüsselungen nach Produkten) überzeugend zu beantworten. Die Prämissen sollten so bestimmt werden, dass der Plan weder als unrealistisch optimistisch noch als zu vorsichtig erscheint. Ein zu großer Optimismus treibt zwar eine Bewertung nach oben, hilft aber nicht, wenn die Glaubwürdigkeit dadurch verloren geht. Zudem ist es üblich, Kaufpreise und Managementvergütungen an künftige Erträge zu koppeln.

1.3 Inhalte eines Business Plans

Business Pläne lassen sich zumeist auf zwei Kernfragen reduzieren: Gibt es einen Markt für das/die Produkt(e) (oder die Geschäftsprozessänderung) und rechnet es sich wirtschaftlich. Gerne spricht man auch von einer Marketing-Komponente und einer finanzwirtschaftlichen Komponente. Bei der Beantwortung beider Kernfragen ist zudem häufig ein Blick über den Tellerrand erforderlich. Rechtliche Rahmenbedingungen sind zu berücksichtigen, die Standortwahl wird zwar zum einen von Kosten beeinflusst, aber auch Aspekte wie Transport und vorhandene Zulieferer und Kunden sind zu berücksichtigen.

1.3.1 Gibt es einen Markt?

Im Rahmen des Business Plans stehen drei klassische Marketingthemen im Vordergrund. Zunächst eine **Marktanalyse**, die neben der Gesamtmarkteinschätzung auch eine Marktsegmentierung beinhalten sollte. Für ein gewähltes Marktsegment kann ein eher strategisches **Marketing-Konzept** abgeleitet werden, das schließlich in einem konkreten **Marketing-Mix** endet. Der Marketing-Mix orientiert sich im Rahmen von Business-Plänen meist an den sogenannten 4Ps, d.h. Product, Price, Place, Promotion. Der Einsatz weiterführender Konzepte ist selbstverständlich möglich (vgl. hierzu detailliert Kapitel 3).

Es stellt sich zum einen die Frage, welcher Markt in welcher Größe vorhanden ist und welchen Marktanteil das Unternehmen halten oder gewinnen kann. Gleichzeitig erfordert die Gewinnung eines Marktanteils den richtigen oder zumindest darauf abgestimmten Marketing-Mix. Diese Interdependenz zwischen Marktanalyse und Marketing-Mix macht die obige Aufgabe deutlich schwieriger als es auf den ersten Blick erscheinen mag.

Merke

Die Qualität eines Business Plans steht und fällt mit der Konsistenz der getroffenen Annahmen. Marktanalysen sind die Basis für sinnvolle Marketing-Strategien und den angestrebten Marketing-Mix. Hierauf aufbauend können die finanziellen Auswirkungen abgeschätzt werden.

Übungsaufgabe 1.8

Sie planen eine neue Schokolade im deutschen Markt zu platzieren. Wie groß ist der Markt heute und wie schätzen Sie den Markt in der Zukunft ein? Wie viele Tafeln könnten Sie pro Jahr verkaufen? Welcher Marktanteil lässt sich hieraus ableiten?

_____

_____

_____

_____

_____

_____
_____
_____

Übungsaufgabe 1.9

Welche Merkmale (Marketing-Mix) würden Sie für die Schokolade aus Übungsaufgabe 1.8 vorsehen?

Produktmerkmale	
Preisstrategie	
Vertriebsstrategie	
Vermarktung	
Sonstiges	

1.3.2 Rechnet sich die Investition?

Bei den meisten Business Plänen geht es darum, die Wirtschaftlichkeit einer Entscheidung zu überprüfen, d.h. man stellt die Investitionen den Rückflüssen gegenüber. In der Regel ist eine solche quantitative Vorgehensweise möglich. In manchen Fällen ist eine rein monetäre Bewertung allerdings nicht sinnvoll, Hier können andere Methoden herangezogen werden. Beispielhaft geschieht dies im vorliegenden Lehrbuch anhand einer Nutzenanalyse für die Standortwahl im folgenden Kapitel. Schwerpunkt liegt aber in einer methodischen Vorgehensweise, die als Abschluss die quantitative Bewertung anhand von Kriterien aus der Investitionsrechnung ermöglicht.

Hierzu wird die Entwicklung eines Unternehmens bzw. eines Projekts über mehrere Jahre hinweg modelliert. Aus Transparenzgründen erfolgt dies meist anhand von Plan-Bilanzen und Plan-GuVs. Ziel ist allerdings die Bestimmung von Kapitalflüssen (Cash Flows), die durch die Investition entstehen. Wie viel Geld muss in ein Projekt (oder Unternehmen) gesteckt werden und wann bekommt man was zurück? Aus den gegebenen Plan-Bilanzen und Plan-GuVs lässt sich dies leicht ableiten. Diese so ermittelten Kapitalflüsse können dann mit herkömmlichen betriebswirtschaftlichen Methoden aus der Investitionsrechnung (Barwert und Interner Zins) bewertet werden.

Neben der eher langfristen Betrachtungsweise auf Basis von zukünftigen Kapitalflüssen gilt es, auch eine kurzfristige Betrachtung auf Basis der Liquiditätssituation durchzuführen. Dies lässt sich dadurch erklären, dass zwar langfristig Rückflüsse die ursprünglichen Investitionen deutlich kompensieren können, dass aber zwischenzeitlich massive Liquiditätsengpässe auftreten können. Solche werden durch die oben erwähnten Methoden (Barwert und Interner Zins) allerdings nicht erfasst.

Zusammenfassend heißt dies, dass ein guter Business Plan folgende finanzwirtschaftlichen Aspekte beinhalten sollte:

- Plan-Bilanz
- Plan-GuV
- Cash Flow Rechnung
- Bewertung der Cash Flows
- Liquiditätsplan
- Risikobewertung

Ausgangspunkt für die Geschäftsplanung eines bereits im Markt etablierten Unternehmens ist in der Regel die Bilanz und GuV des letzten Geschäftsjahres. Bei Neugründungen sind geeignete Annahmen über die notwendigen Investitionen im ersten Geschäftsjahr (z.B: für Maschinen und Büroausstattung) und deren Finanzierung zu treffen. Aus diesen Annahmen leitet sich dann die erste Bilanz ab. Bei der Umsatzplanung von Neugründungen empfiehlt es sich, auf Monatsbasis zu planen, weil der Markteintritt selten unmittelbar am Jahresanfang stattfindet und am Anfang, beispielsweise verursacht durch Lieferverzögerungen und andere „Kinderkrankheiten", selten das volle Umsatzpotenzial ausgeschöpft werden kann.

Merke

Die Wirtschaftlichkeit stellt eine Grundvoraussetzung für jegliche wirtschaftliche Entscheidung dar. Die Wirtschaftlichkeit kann aus monetärer Sicht anhand von Kriterien der Investitionsrechnung bewertet werden.

> Allerdings ist zu berücksichtigen, dass Planzahlen stets einer Unsicherheit unterworfen sind. Außerdem können weitere Aspekte nicht-monetärer Art von Bedeutung sein. Insofern sollten sowohl positive als auch negative Ergebnisse aus der rein monetären Sicht stets kritisch hinterfragt werden.

Übungsaufgabe 1.10

Sie planen die Verlagerung einer Produktionsstätte. Welche nicht monetären Aspekte könnten bei der Bewertung dieses Vorhabens eine Rolle spielen?

_____
_____
_____
_____
_____
_____
_____
_____

1.3.3 Wesentliche Annahmen

Einem Business Plan liegen vielfältige Annahmen zugrunde. Die Plausibilität des Plans hängt davon ab, ob diese Annahmen transparent gemacht und schlüssig begründet werden. Zu den wichtigsten Annahmen zählen:

- **Geplante Daten für wesentliche Meilensteine:** Datum der Gründung, voraussichtliche Patenterteilung oder Genehmigung, Markteintritt u.v.a
- **Annahmen zum Marktumfeld (Marktwachstum, Konkurrenzsituation, Änderungen rechtlicher Rahmenbedingungen etc.)**
- **Wachstumsrate des Umsatzes**, im Detailplanungszeitraum individuell für jedes Jahr und basierend auf einem Preis-Mengengerüst für die einzelnen Produkte, danach ggfs. vereinfacht an die wirtschaftliche Entwicklung gekoppelt (Branchenwachstum, Bruttosozialprodukt, Inflation)
- **Wachstumsrate der Kosten:** Einige Kosten fallen einmalig (neues IT-System) an, andere wachsen proportional zum Umsatz (z.B. Wareneinsatz), wieder andere entwickeln sich sprungfix (z.B. Einstellung neuer Mitarbeiter)

- **Sonstige Annahmen:** Beispielhaft werden Annahmen benötigt für die Entwicklung der Wechselkurse, Tarifabschlüsse, Rohstoffpreise und technologische Entwicklung im Planungszeitraum.

1.3.4 Weitere Aspekte

Wenngleich die beiden vorherigen Kapitel den Schwerpunkt eines Business Plans darstellen, sind weitere Aspekte nicht zu vernachlässigen. Sinnvoll sind stets

- Management Summary,
- Hand-out und
- Anhang.

Ein Management Summary fasst die wesentlichen Ergebnisse auf möglichst einer Seite zusammen und zieht Schlussfolgerungen. Ein Hand-Out ist bei Präsentationen hilfreich und ermöglicht dem Zuhörer auf Informationen zurückzugreifen. Die Orientierung an den präsentierten Folien ist durchaus sinnvoll, allein um Inkonsistenzen zu vermeiden. Der Anhang umfasst alle Detailinformationen, die nicht Teil des eigentlichen Business Plans geworden sind, aber dennoch interessant sein können oder als Beleg dienen. Oft werden im Anhang detaillierte Berechnungen beigefügt, deren Wiedergabe im Hauptteil nicht für alle Zuhörer/Leser von Relevanz wäre oder den Rahmen sprengen würde. Der Anhang hilft aber, etwaige konkrete Nachfragen plausibel zu beantworten.

Weitere Bestandteile eines Business Plans sind die Beschreibung des eigentlichen Vorhabens (Business Case), die Nennung und Vorstellung der Beteiligten sowie ein aussagekräftiger Projektplan. Darüber hinaus können Themen wie etwa Rechtsform des Unternehmens, rechtliche Aspekte, Standortwahl, Finanzierungsoptionen etc. von Bedeutung sein.

Der Aufbau einer Business Plan Präsentation (wird je nach Kontext in der Praxis auch als Informationsmemorandum, Fact Book, Pitch Deck oder Unternehmenspräsentation bezeichnet) ist abhängig von den vorhandenen Informationen, dem bereits vorhandenen Wissensstand der Adressaten und der mit der Erstellung verbundenen spezifischen Zielsetzung. Dennoch wollen wir hier eine kurze Standardgliederung erklären:

[1] Management Summary

[2] Unternehmensinformationen (bzw. allgemeine Projektinformationen/ Business Case)

[3] Produkte und Leistungen

[4] Markt und Wettbewerb

[5] Finanzen

[6] Anhang

Diese Gliederung greift alle oben genannten Inhalte auf. Wichtig ist zu beachten, dass die Marketingaspekte im Kapitel Markt und Wettbewerb und die Zahlen einschließlich der zugrunde liegenden Annahmen im Kapitel 5 Finanzen dargestellt werden. Die Kapitel 2 und 3 helfen dem Adressaten des Business Plans, ein Grundverständnis vom Unternehmensaufbau (Rechtsform, Standort, Historie falls bereits vorhanden, Kunden etc.) und dem vorhandenen oder geplanten Leistungsangebot (Produkte, Marken, Patente etc.) zu gewinnen. Der Marketingplan sowie der Finanzteil können ohne diese Basisinformationen nicht verstanden bzw. hinsichtlich ihrer (geplanten) finanziellen Auswirkungen plausibilisiert werden. Das Management Summary ist wie der Name ausdrückt eine Zusammenfassung und wird daher, obwohl es das erste Kapitel darstellt, in der Regel erst ganz zum Schluss erstellt.

Merke

Der Autor eines Business Plans sollte stets vorab prüfen, ob bestimmte Aspekte vernachlässigt werden können. Es bietet sich an, sich dazu in die Rolle des Lesers eines Business Plans, des Zuhörers bei einer Präsentation oder die eines Entscheiders hineinzuversetzen und insbesondere zu überlegen, welche Fragen der Zuhörer noch haben könnte.

Übungsaufgabe 1.11

Sie bekommen einen Business Plan präsentiert. Haben aber nur Zeit das Management Summary durchzulesen. Was interessiert Sie? Welche Informationen sind für Sie unverzichtbar?

_____
_____
_____
_____
_____
_____
_____

uvk-lucius.de/schritt-fuer-schritt

1.4 Adressaten eines Business Plans

Inhalte und Schwerpunkte eines Business Plans sind stets an den Adressaten auszurichten. Zum einen sollen alle potenziellen Fragen durch einen Business Plan beantwortet werden zum anderen kann zu viel Komplexität aber auch überfordern und dadurch nachteilig sein. Versteht beispielsweise ein potenzieller Geldgeber technische Details eines Produktes und versteht andererseits der Techniker Aspekte aus der Marktanalyse und der Rechnungslegung? Schnell wird klar, dass es kaum gelingen kann, durch einen Business Plan stets alle Interessenten zufrieden zu stellen. Trotzdem lehrt die Erfahrung, dass die eingängige Analyse der potenziellen Adressaten mit zu den wichtigsten Elementen bei der Erstellung des Business Plan gehört. Grundsätzlich hilft schon die Aufteilung in verschiedene Kategorien (Management Summary, Hauptteil, Anhang) dabei, inhaltliche Schwerpunkte zu setzen.

Wir unterscheiden drei Adressatengruppen:

- Unternehmensentscheider
- Kapitalgeber und den
- Ersteller selbst

Es wird schnell klar, dass diese drei sich auch aufgrund der möglichen Zielsetzung eines Business Plan Erstellers unterscheiden.

> **Merke**
>
> Die adressatengerechte Darstellung der Ergebnisse eines Business Plans stellt einen wesentlichen Erfolgsfaktor dar. Zuhörer und Leser neigen dazu, schnell Informationen zu filtern, und konzentrieren sich auf Dinge, die ihnen bekannt sind und die sie durch ihren eigenen Erfahrungsschatz gut bewerten können.

1.4.1 Unternehmensentscheider

Unter Unternehmensentscheidern können alle diejenigen verstanden werden, die am Entscheidungsprozess beteiligt werden. Grundsätzlich muss dies nicht an eine Hierarchiestufe im Unternehmen gebunden sein. Auch Fachkräfte spielen häufig eine wichtige Rolle als Berater der Führungskräfte und treffen somit auch oft eine Vorentscheidung, an welche sich Führungskräfte halten. Vielfach werden von Externen solche Mitarbeiter unterschätzt, weil man sich insbesondere bei Präsentationen schwerpunktmäßig an die oberen Hierarchieebenen wendet. Fachkräfte decken aber leicht Kompetenzdefizite auf und sehen sich gerade bei externen Erstellern von Business Plänen häufig in einer Art Konkurrenzsituation. Kritik kann hier als eine Möglichkeit angesehen werden, vor den eigenen Chefs als besonders kompetent dazustehen. Falls möglich, sollte der Ersteller sich vorab über weitere Teilnehmer der Business Plan Präsentation erkundigen.

Auch innerhalb der höchsten Führungsebenen sollte niemals von einer einstimmigen Bewertung ausgegangen werden. Es ist durchaus üblich, dass unterschiedliche Voreingenommenheit besteht. Diese Voreingenommenheit kann sich auf den Ersteller des Business Plans beziehen, aber auch auf das zu beurteilende Projekt.

> **Merke**
>
> Die Entscheider im Unternehmen stellen in aller Regel eine extrem inhomogene Gruppe dar. Es ist ratsam, so viele Informationen wie möglich über die Zusammensetzung der Entscheidungsgremien und ihrer Beeinflusser einzuholen.

Richtet sich der Business Plan an Unternehmensentscheider, so ist man entweder von diesen beauftragt worden (sowohl intern als auch extern) oder man kommt als externer Berater mit einer neuen Idee ins Unternehmen. Im ersten Fall ist man damit meist einer gewissen Erwartungshaltung ausgesetzt, im zweiten Fall ist man stark von einem Eigeninteresse an einer Umsetzung geleitet und neigt selbstverständlich zu einer „Schönfärbung".

1.4.2 Kapitalgeber

Als Finanzierer von Projekten und Unternehmen kommen Eigen- und Fremdkapitalgeber in Frage. Kapitalgeber orientieren sich abstrakt gesprochen, wenn auch nicht immer explizit so formuliert, am magischen Dreieck. Dieses bildet die drei zu einander in Konkurrenz stehenden Anlageziele Rentabilität, Sicherheit und Liquidität ab.

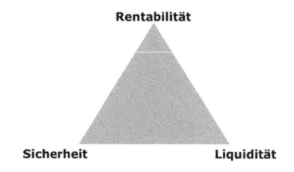

Abb.1.3: Magisches Dreieck der Kapitalanlage

Die meisten Investitionsentscheidungen, zu deren Unterstützung Business Pläne erstellt werden, bieten eher geringe Sicherheit (vor allem bei unerprobten Start-ups ist das Risiko des Scheiterns groß). Die Liquidität des Kapitals ist gering, insbesondere wenn es sich um Eigenkapitalinvestitionen handelt, weil die erworbenen Unternehmensanteile oft nicht fungibel sind. Entsprechend sollte der Business Plan dem Investor zur Kompensation eine angemessene Rendite in Aussicht stellen.

Die erzielbare Rendite ist aus dem Business Plan abzuleiten. Häufig ist aber die produkt- bzw. projektspezifische Kompetenz bei Kapitalgebern eher gering. Ihr Hauptaugenmerk liegt darin, die Plausibilität und Konsistenz der gemachten Annahmen zu überprüfen. Passt die Marktanalyse mit den getroffenen Annahmen im Finanzteil überein? Warum gibt es ein Produkt oder eine Dienstleistung nicht schon? Wird es schnell Nachahmer geben? Wie kann eine Produktidee geschützt werden? Ist die Risikoanalyse fundiert und deckt sie alle relevanten Felder ab? Häufig zieht der Kapitalgeber auch noch externe Experten heran, um seine eigene Einschätzung zu validieren.

> **Merke**
>
> Kapitalgeber sind grundsätzlich daran interessiert, die drei konkurrierenden Anlageziele in Einklang zu bringen. Ein Schwerpunkt bei der Bewertung von Business Plänen liegt in der Konsistenz der getroffenen Annahmen.

Richtet sich der Business Plan an Kapitalgeber, so ist der Ersteller letztendlich an einer Finanzierung interessiert und wird auch hier zu einer „Schönfärbung" neigen. Allerdings darf davon ausgegangen werden, dass Kapitalgeber dies entsprechend voraussetzen und einkalkulieren.

1.4.3 Der Ersteller selbst

Man mag zwar eine gewisse Voreingenommenheit unterstellen, das Hinterfragen einer eigenen Idee kann aber gerade auch in einem fortlaufenden Prozess durchaus sinnvoll sein. Viele Start-ups sind bei dieser Aufgabe eher nachlässig und sehen einen Business Plan als Hindernis oder überflüssigen Ballast bei der Realisierung einer Geschäftsidee an. Der Business Plan stellt jedoch das genaue Gegenteil dar. Die fundierte Analyse hilft dem Ersteller unternehmerische Fehler zu vermeiden und richtige Entscheidungen zu treffen.

> **Merke**
>
> **Business Pläne helfen Start-ups und Innovationsmanagern, Stolpersteine auf dem Weg zum Erfolg frühzeitig zu erkennen.** Business Pläne können somit dazu beitragen, Investitionen richtig zu steuern, Prozesse anzupassen und zu verbessern und die Marktorientierung zu stärken.

Richtet sich der Business Plan an den Ersteller, so versucht er seine Gedanken zu schärfen und die eigene Geschäftsidee kritisch zu hinterfragen. Im Idealfall wird er mit möglichst realistischen Annahmen arbeiten.

1.5 Kritik an Business Plänen

Die häufigste Kritik an Business Plänen richtet sich gegen die fehlende Genauigkeit dieser. Belegt wird dies einfach dadurch, dass sich die Prognosen der Business Pläne im Wesentlichen nie mit der späteren Realität decken. Dem ist entgegenzuhalten, dass dies zwar wünschenswert wäre, ein Business Plan aber stets nur den Kenntnisstand zum Zeitpunkt der Erstellung wiederspiegelt. Insofern ist es mehr als verständlich, dass die Prognosen von den späteren Ergebnissen abweichen. Man kann dies auch als ein Lernen aus dem Business Plan interpretieren. Risiken und Schwachstellen, die im Rahmen des Business Plans erkannt werden, können frühzeitig beseitigt bzw. behoben werden und eingeplante Sicherheitsmargen kommen nicht zum Tragen.

Gelegentlich wird von Kritikern auch die Planbarkeit der Zukunft an sich in Frage gestellt. Gerade bei Start-ups hängt der Erfolgseintritt von der Bestätigung einer oder mehrerer zentraler Annahmen ab, auf deren Realisierung das Unternehmen manchmal noch nicht einmal einen direkten Einfluss hat. Ein Biotechunternehmen ist zum Beispiel auf klinische Testerfolge und regulatorische Genehmigungen und Patenterteilungen angewiesen. Start-ups wie Uber und Airbnb sahen sich in vielen Städten und Ländern mit unerwarteten staatlichen Verboten konfrontiert. Dennoch kann der Business Plan auch hier helfen, durch die Herausarbeitung der Annahmen und eine Zuordnung von Eintrittswahrscheinlichkeiten eine wesentlich bessere Entscheidungsgrundlage zu schaffen.

> **Merke**
>
> Die Güte eines Business Plans zeigt sich nicht darin, dass die Ergebnisse später genau wie geplant eintreten, sondern darin dass keine relevanten Aspekte für die zukünftige Realisierung vergessen bzw. vernachlässigt wurden.

Übungsaufgabe 1.12

Sie präsentieren Ihrem Banker einen Business Plan, um einen Kredit zur Finanzierung Ihres Vorhabens gewährt zu bekommen. Er argumentiert, dass Ihre Rechnungen auf unsicheren Annahmen beruhen, und es ohnehin anders kommt als geplant. Versuchen Sie seine Bedenken zu zerstreuen. Wie argumentieren Sie?

Eigene Notizen

Schritt 2: Grundlegende Betrachtungen

Lernziele

> In diesem Kapitel erfahren Sie im Detail, welche Inhalte einen Business Plan bilden. Einleitend werden der Business Case, die Beteiligten und die geplante schrittweise Vorgehensweise bei der Realisierung des Vorhabens beschrieben. Darüber hinaus lernen Sie, welche Kriterien bei der Standortwahl eines Unternehmens berücksichtigt werden sollten. Anschließend werden die möglichen Rechtsformen behandelt, so dass Sie in der Lage sind, Vor- und Nachteile bei der Wahl der Rechtsform abzuwägen. Ergänzend erfahren Sie, welche wirtschaftlichen Auswirkungen verschiedene Formen von Unternehmensverbindungen bewirken und in wie weit diese ein Unternehmenswachstum ermöglichen und unterstützen können. Schließlich rundet ein Blick auf mögliche Finanzierungsoptionen die einleitenden Betrachtungen ab.

Ein Business Plan kann im Einzelfall sehr viele verschiedene Aspekte beinhalten. Der oder die Ersteller eines Business Planes müssen stets entscheiden, welche Informationen für den Entscheider wichtig und relevant sind. Die nachfolgenden Aspekte können dazu gehören, sind es aber nicht zwingend, weil sie eventuell als klar oder selbstverständlich vorausgesetzt werden können. In jedem Fall ist es für den Ersteller des Business Plans sinnvoll, etwas Zeit für eine kurze Reflexion einzuplanen, um nicht einen wichtigen Aspekt zu vernachlässigen oder gar zu vergessen. Unerfahrene Ersteller sollten sich vor Präsentationen mit den wesentlichen Rahmenbedingungen vertraut machen, um nicht in unerwünschte Situationen zu geraten.

Im Folgenden wollen wir kurz die Themen

- Management Summary,

38 Schritt 2: Grundlegende Betrachtungen

- beteiligte Personen,
- Projektplan,
- Unternehmensstandort,
- Rechtsform,
- Kooperationen und
- Finanzierungsoptionen

diskutieren. Die beiden Aspekte Unternehmensstandort und Rechtsform sind vor allem dann von Bedeutung, wenn ein neues Unternehmen im Zusammenhang mit einem Business Plan gegründet werden soll. Betrachtet man den Fall eines Start-ups liegt der Schwerpunkt eher auf der Rechtsform des Unternehmens. In der Gründungsphase eines Unternehmens wollen sich die Entrepreneure auf das Wesentliche konzentrieren, d.h. auf die Entwicklung eines Produktes oder einer Dienstleistung; es mangelt meistens an Zeit und Geld. Kriterien wie wenig Bürokratie, geringe Gründungskosten und Eigenkapitalanforderungen stehen somit im Vordergrund. Die Standortwahl beschränkt sich bei Start-ups eher auf die Suche nach einem geeigneten Ort in der Nähe und orientiert sich in der Regel an den Kosten. Betrachtet man hingegen den Fall einer Gründung eines Tochterunternehmens durch ein bereits etabliertes Unternehmen wird schnell klar, dass die Schwerpunkte andere sind. Sowohl die Wahl eines Unternehmensstandortes unter Berücksichtigung verschiedenster Kriterien als auch zusätzliche Finanzierungsoptionen durch die Standortwahl oder die Rechtsform können von Bedeutung sein. Kooperationen sind grundsätzlich dann von Bedeutung, wenn es um Make-or-Buy Entscheidungen geht. Die Formen von Zusammenarbeit sind mannigfaltig. Gerade aber bei größeren Investitionen sollte eine Einbeziehung von Partnern geprüft werden, weil diese grundsätzlich auch einen Risikotransfer beinhaltet.

> **Merke**
>
> Bei der Auswahl der Themen, die durch einen Business Plan abgedeckt werden, sollte sich der Ersteller an der **Relevanz der Themen** und der **Erwartungshaltung der Adressaten** orientieren.

Bei der Abarbeitung der hier behandelten Themen steht der Autor eines Business Plans stets im Spannungsfeld zwischen

kurz-und-bündig-auf-das-Wesentliche-konzentrieren

und

ausführlich-und-vollständig-Alles-abarbeiten.

Es mag im Rahmen eines Lehrbuchs nicht unbedingt zufrieden stellen, aber es gilt: Man wird es nie allen Adressaten hundertprozentig recht machen können und zu

2.1 Management Summary

Unter einem Management Summary (oder Executive Summary) versteht man die Zusammenfassung der wesentlichen Ergebnisse des Business Planes auf möglichst einer Seite. Zur besseren Übersicht können beispielsweise Marginalien verwendet werden.

Beispiel

Management Summary	
Titel des Business Case	
Autoren: ...	
Erstelldatum: ...	
Text Text Text Text Text Text Text Text Text Text Text Text Text Text	Produktidee
Text Text Text Text Text Text Text Text Text Text Text Text	
Text Text Text Text Text Text Text Text Text Text Text	Marktanalyse
Text Text Text Text Text Text Text Text Text Text	
Text Text Text Text Text Text Text Text Text	Wirschaftlichkeit
Text Text Text	
Text Text Text	Fazit / Empfehlung
Text Text Text	

Der Inhalt eines Management Summary ist nicht starr festgelegt und hängt nicht zuletzt von der Erwartungshaltung der Auftraggeber ab. Der Ersteller sollte sich von dem Gedanken leiten lassen, was für einen Entscheider relevant ist, um sich für oder gegen einen Business Case zu entscheiden. In aller Regel ist dies

- eine klare Darstellung des Business Case,
- eine darauf basierende verständliche Marketing-Strategie,
- eine Ergebnisübersicht der Wirtschaftlichkeitsrechnung sowie
- eine Bezifferung des Kapitalbedarfs.

Das Management Summary sollte ein Fazit mit einschließen.

Für viele Entscheider stellt das Management Summary den wichtigsten Teil des Business Plans dar, da sie als erstes gelesen wird und damit eine bestimmte Richtung vorgibt sowie eine gewisse Erwartungshaltung weckt. Der Leser eines Business Plans oder der Zuhörer einer mündlichen Präsentation eines Business Plans wird sich davon leiten lassen.

> **Merke**
>
> Ein **Management Summary** stellt einen wesentlichen Teil des Business Plans dar. Entsprechend sollte ausreichend Zeit für dessen Erstellung eingeplant werden.

2.2 Business Case Beschreibung

Die Beschreibung des Business Case ist selbstverständlicher Teil eines Business Plans. Im Vordergrund steht die Beschreibung des Vorhabens, beispielsweise:

- Realisierung einer Produktidee und Gründung eines Start-ups
- Neugründung einer Tochterunternehmung

Sinnvoll ist häufig, mit der Motivation zum Business Case zu beginnen. Wie kam der Gründer auf die Produktidee? Ist ein Kundennutzen klar erkennbar? Wem fehlt das Produkt, warum und wann? Würde dieser mögliche Käufer Geld für das Produkt ausgeben und wenn ja wieviel? Welche Vorteile ergeben sich durch die Gründung eines Tochterunternehmens im Gegensatz zu anderen Optionen (z.B. Vertriebskooperation, Joint Venture)?

Eine umfassende Bewertung des Vorhabens sollte an dieser Stelle jedoch noch nicht vorgenommen werden.

Anschließend kann das Produkt oder Vorhaben kurz beschrieben werden. Im Vordergrund sollte hierbei das Neuartige des Vorhabens stehen. Am Ende der hier gemachten Ausführungen sollte jedem klar sein, in wie weit man sich von bereits Existierendem unterscheidet.

> **Merke**
>
> Bei der Beschreibung des Business Case sollten **das Neuartige** eines Produktes oder einer Vorgehensweise (eines Geschäftsprozesses) sowie die daraus abgeleiteten **Wettbewerbsvorteile** im Vordergrund stehen.

2.3 Projekt- bzw. Gründerteam

Hier gilt es zu unterscheiden, zu welchem Zweck der Business Plan erstellt wird. Bei unternehmensinternen Business Plänen, die zum Zwecke einer Go- oder NoGo-Entscheidung erstellt werden, spielt die Frage des zukünftigen Projektteams oftmals keine Rolle.

Die Beschreibung der beteiligten Personen hat jedoch vor allem bei Business Plänen, die der Gewinnung von Kapitalgebern dienen, Bedeutung. Der potenzielle Kapitalgeber möchte sich ein Bild der vorhandenen Kompetenzen machen. In aller Regel wird eine große Ausgewogenheit zwischen technischem und wirtschaftlichem Know-how positiv bewertet. Das Team sollte durch sein (nachprüfbares) Wissen und seine Erfahrungen darauf schließen lassen, dass es den Business Plan auch umsetzen kann. Sollten Defizite vorliegen, ist es sinnvoll, bereits im Business Plan klar zu machen, wie man diese schließen möchte.

> **Merke**
>
> Angaben über Projekt- oder Gründerteams vermitteln einen Eindruck über die vorhandenen **Kompetenzen für das geplante Vorhaben**. Kompetenzlücken sollten benannt und Lösungsansätze vorgestellt werden.

2.4 Projektplan

Ein Projektplan im Rahmen des Business Plans ist gekennzeichnet durch die Konzentration auf folgende Inhalte:

- Inhaltliche Ziele: Was soll erreicht werden?
- Zeitliche Ziele: Bis wann soll das inhaltliche Ziel erreicht werden?
- Kapazitätsziele: Welche Kapazitäten werden zum Erreichen der beiden ersten Ziele benötigt?

Die Erstellung eines Projektplans erfolgt typischerweise EDV-unterstützt. Ein Projektplan legt Meilensteine fest und es gilt, diese in den Projektionsrechnungen (Plan-Bilanzen und Plan-GuVs) aufzunehmen.

Beispiel

Ein Versicherungskonzern plant die Neugründung eines Tochterunternehmens, das sich auf Online-Geschäfte fokussiert. Als Meilensteine könnten dienen:

- Klärung rechtlicher Aspekte bei der Gründung
- Festlegung des Produktspektrums

- Produktauswahl
- Klärung aktuarieller Fragen
- Festlegung Marketing-Strategie
- Festlegung Hard- und Software-Infrastruktur
  - Entscheidung und Erwerb EDV-Hardware Infrastruktur
  - Entscheidung EDV-Software Infrastruktur
  - Erstellung/Kauf Bestandsführung
  - Erstellung/Kauf Vertriebssoftware
- Personaleinstellung
- Standort und Einrichtung
  - Auswahl Standort
  - Anmietung/Kauf Immobilie
  - Erwerb Büroeinrichtung
- Vertriebsstart
  - Zielformulierung (Marktanteil, Umsatz, Zeitplan etc.)

Meistens wird der Projektplan grafisch dargestellt. Dies dient der besseren Übersicht.

Beispiel

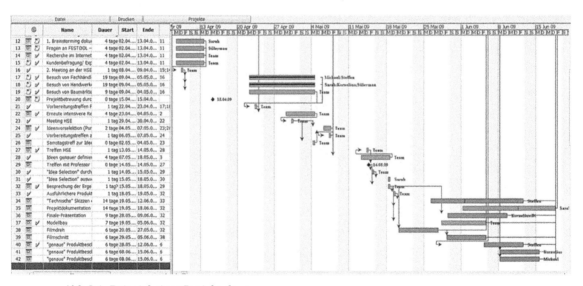

Abb.2.1: Beispiel eines Projektplans

Merke

Der Projektplan dient eher einer Grobplanung. Die Angaben müssen konsistent sein und sollten sich in den Projektionsrechnungen wiederfinden.

uvk-lucius.de/schritt-fuer-schritt

Übungsaufgabe 2.1

Greifen Sie den Fall einer Restauranteröffnung wieder auf. Welche Meilensteine könnten Sie sich vorstellen?

_____
_____
_____
_____
_____

Übungsaufgabe 2.2

Stellen Sie Ihre Ergebnisse aus Übungsaufgabe 2.1 grafisch dar, indem Sie den Meilensteinen zeitliche Ziele zuordnen.

2.5 Standort des Unternehmens

Als Standort verstehen wir sowohl den Ort der Produkt- oder Dienstleistungserstellung als auch den Ort, an dem deren Absatz erfolgt. Die Standortwahl stellt in der

Regel eine langfristige Entscheidung dar, die häufig nur mit großem Aufwand rückgängig gemacht werden kann.

Bei vielen Business Plänen handelt es sich um Fälle, die typischerweise auch eine Entscheidung über einen Produktions- oder Absatzstandort beinhalten. Insbesondere bei Unternehmensgründungen stehen Fragen bezüglich der Kosten und der Weiterentwicklungsmöglichkeiten im Raum. Bei Gründung von Tochterunternehmen in einem unbekannten Umfeld ist ein neuer Standort auszuwählen, der

- länderspezifische Besonderheiten,
- abweichende steuerliche Aspekte und gewährte Subventionen sowie
- abweichende Gründungskosten und Eigenkapitalerfordernisse

aufweist.

Die Kriterien, die bei der Standortwahl maßgeblich sind, werden auch als Standortfaktoren bezeichnet.

> **Merke**
>
> Die Standortwahl hat nicht nur massive **Auswirkungen auf Kosten (Aufwendungen) und Leistungen (Erträge)**. Darüber hinaus spielen **viele weitere Faktoren** eine Rolle und haben direkten Einfluss auf die Modellierung des Business Case.

2.5.1 Standortfaktoren

Die Einflussfaktoren bei der Standortwahl sind je nachdem, ob es sich um Produktions- oder Absatzstandorte handelt, durchaus verschieden. Die nachfolgende Tabelle gibt hierzu einen Überblick.

Produktionsstandorte	Absatzstandorte
• verfügbare Arbeitskräfte	• Kundennähe
• Verfügbarkeit von Rohstoffen	• Konkurrenzsituation
• Zulieferer	• Kaufkraft
• Infrastruktur	
• Immobilien	
• ökologische Rahmenbedingungen	
• politische Rahmenbedingungen	
• steuerliche Rahmenbedingungen	
• Subvention	
• Bürokratie und Abgaben	
• Energie	

Abb.2.2: Standortfaktoren bei der Wahl eines Standortes

Bei Produktionsstandorten gehört sicherlich die Arbeitskräftesituation zu den wichtigsten Standortfaktoren. Niedriges Lohnniveau bei guter Qualifikation der potenziellen Arbeitskräfte reduziert Kosten und erhöht die Konkurrenzfähigkeit. Eine gute Infrastruktur stellt sowohl bei der Gewinnung von Arbeitskräften als auch bei der Belieferung und beim Abtransport der Güter einen erheblichen Vorteil dar. Gesetzliche und steuerliche Rahmenbedingungen ergänzen das Profil eines Standortes. Absatzstandorte orientieren sich vor allem an einer möglichst großen Kundennähe. Aus einer möglichen Konkurrenzsituation mit Mitbewerbern ergeben sich sowohl Vor- als auch Nachteile. Man denke beispielsweise an Shopping Malls oder Restaurant-Viertel.

> **Merke**
>
> **Standortfaktoren beeinflussen den Erfolg einer Unternehmung.** Die konkreten Auswirkungen von Standortfaktoren müssen bewertet und berücksichtigt werden.

Beispiel

2008 verkündete die Margarete Steiff GmbH, den Produktionsstandort China wieder zu verlassen. Vor allem Qualitätsaspekte waren hierfür ausschlaggebend, Liefertermine wurden teilweise nicht eingehalten und die Mitarbeiterfluktuation war groß.

Übungsaufgabe 2.3

Sie planen die Eröffnung eines Restaurants mit internationaler Küche in Berlin. Vergleichen Sie die Faktoren für folgende Standorte anhand der Beurteilung positiv/neutral/negativ.

Standort-faktoren	*Fußgängerzone mit überwiegend Einzelhandel*	*Fußgängerzone mit überwiegend Restaurants*	*Industriegebiet*	*Stadtrandzone gehobenes Wohngebiet*
Arbeitsmarkt				
Zulieferer				
Infrastruktur				
Immobilienmarkt				
Ökologie				

Steuern, Abgaben, Subventionen				
Energie				
Absatzmarkt				
Konkurrenz-situation				
...				

2.5.2 Entscheidungsmodelle zur Standortwahl

Es bietet sich an, mit Hilfe eines zwei- oder dreistufigen Verfahrens einen geeigneten Standort zu ermitteln:

- Schritt 1: Checkliste
- Schritt 2: Nutzwertanalyse
- Schritt 3: Business Plan

Im ersten Schritt gilt es, die Standorte zu eliminieren, die notwendige oder extrem wichtige Voraussetzungen nicht erfüllen. Hierzu werden oftmals einfache Checklisten verwendet.

Die verbleibenden Alternativen können dann anhand einer Nutzwertanalyse bewertet werden. Eine Nutzwertanalyse hat den Vorteil, dass sie quantitative und qualitative Ziele zusammenführt. Es werden allgemein Kriterien festgelegt, die zur Bewertung (Entscheidung) herangezogen werden, in diesem Fall also verschiedene Standortfaktoren. Die Standortfaktoren werden sodann gemäß ihrer Relevanz gewichtet. Man wählt entweder von 0 bis 1 oder von 0% bis 100%.

Im nächsten Schritt werden für jeden zur Auswahl stehenden Standort Bewertungspunkte zugeordnet. Die Skala kann beliebig gewählt werden, beispielsweise von 0 (sehr schlecht) bis 5 (sehr gut). Die Bewertungspunkte werden dann mit der Gewichtung multipliziert und schließlich über alle Standortfaktoren hinweg addiert. Damit erhält man den Gesamtnutzwert pro Standort. Der Standort mit dem höchsten Gesamtnutzwert sollte gewählt werden.

In Einzelfällen, wenn die Nutzwertanalyse beispielsweise kein klares Bild abgibt, bietet es sich an, für die Alternativen separate Business Pläne zu erstellen und die Entscheidung stark an den finanzwirtschaftlichen Kennzahlen Barwert und Interner Zins auszurichten.

Beispiel

Nutzwertanalyse zur Standortentscheidung, wobei eine Bewertungsskala von 0 (sehr schlecht) bis 10 (sehr gut) gewählt wurde.

		München		Dresden	
Standortfaktoren	Gewichtung	Bewertung	Punkte	Bewertung	Punkte
Arbeitsmarkt	0,20	6	1,2	8	1,6
Zulieferer	0,30	7	2,1	3	0,9
Infrastruktur	0,15	8	1,2	6	0,9
Immobilienmarkt	0,05	2	0,1	8	0,4
Ökologie, Energie	0,30	4	1,2	4	1,2
Gesamtwert	1,0		5,8		5,0

Übungsaufgabe 2.4

Die *The Walt Disney Company* hat sich bei der Planung eines Disney-Themenparks in Europa bekanntermaßen für Paris (Disneyland Paris) entschieden. Zur Auswahl standen zunächst auch andere Länder. Bei der Wahl eines Themenpark-Standortes kann eine einfache Checkliste bereits die Auswahlmöglichkeiten einschränken. Hierzu gehören beispielsweise Flughafenanbindung, Autobahnen in der Nähe, Größe des Einzugsgebiets, räumliche Ausdehnungsmöglichkeiten etc. Versuchen Sie durch eine Internetrecherche herauszufinden, warum Länder wie Großbritannien, Deutschland und Italien nicht zur engeren Wahl der *The Walt Disney Company* bei der Wahl eines Themenparks in Europa gehörten.

_____
_____
_____
_____
_____

Übungsaufgabe 2.5

Im Rahmen der Planungen der *The Walt Disney Company* war Alicante in Spanien schließlich der Hauptkonkurrent für Paris. Versuchen Sie anhand einer Nutzwertanalyse, die Entscheidung der *The Walt Disney Company* zwischen Paris und Alicante nachzuvollziehen! Hätten Sie anders entschieden?

		Nutzwertanalyse			
		Paris		**Alicante**	
Standortfaktoren	Gewichtung	Bewertung	Punkte	Bewertung	Punkte
Gesamtwert					

2.6 Rechtliche Rahmenbedingungen

Die rechtlichen Rahmenbedingungen wirken sich ähnlich wie Standortentscheidungen langfristig auf den Unternehmenserfolg aus. Sie können für sich allein schon zu einem K.O.-Kriterium eines Vorhabens werden. Wir wollen an dieser Stelle zwei Themen voneinander abgrenzen:

- Die Wahl der Rechtsform eines Unternehmens und
- die gesetzlichen und steuerlichen Gegebenheiten am gewählten Standort des unternehmerischen Vorhabens.

2.6.1 Rechtsform

Unter Rechtsform versteht man die rechtliche Organisation eines Unternehmens.

In diesem Zusammenhang ist zunächst die Unterscheidung zwischen Personengesellschaften und Kapitalgesellschaften relevant. Personengesellschaften verfügen über keine eigene Rechtspersönlichkeit. Typische Vertreter sind

- die Gesellschaft bürgerlichen Rechts (GbR),
- die Offene Handelsgesellschaft (OHG),
- die Kommanditgesellschaft (KG) und
- die Stille Gesellschaft

Im Gegensatz hierzu stehen Kapitalgesellschaften, die eine eigene Rechtspersönlichkeit besitzen. Sie müssen bei ihrer Gründung über ein bestimmtes Mindestkapital verfügen. Zu nennen sind hier:

- die Gesellschaft mit beschränkter Haftung (GmbH),
- die Aktiengesellschaft (AG) und
- die Europäische Aktiengesellschaft (SE)

oder Mischformen wie

- die GmbH & Co. KG und
- die Kommanditgesellschaft auf Aktien (KGaA)

Die Frage der Rechtsform eines Unternehmens ist bei Business Plänen beispielsweise relevant, falls ein neues Unternehmen gegründet werden soll. Dies kann auch für ein bereits existierendes Unternehmen der Fall sein, falls ein neuer Markt erschlossen werden soll. Zu diesem Zweck kann ein Tochterunternehmen oder auch ein Joint Venture gegründet werden, die Rechtsform des neu gegründeten Unternehmens ist nach verschiedenen Kriterien auszuwählen:

- länderspezifische Besonderheiten
- steuerliche Aspekte
- Gründungskosten und Eigenkapitalerfordernisse
- Haftungsfragen und Gewinnverteilung
- bürokratischer Aufwand, der mit der Rechtsform verbunden ist
- Rechnungslegungsanforderungen und Veröffentlichungspflichten
- erwartete Unternehmensgröße
- erwartete Unternehmensentwicklung

Länderspezifische Besonderheiten

Business Pläne werden häufig erstellt, um neue Märkte in anderen Ländern zu erschließen. Unternehmensrechtsformen unterscheiden sich hinsichtlich vieler Aspekte von Land zu Land. Diese können im Rahmen dieses Lehrbuchs nicht ausführlich diskutiert werden. In jedem Fall ist eine intensive Auseinandersetzung mit den Möglichkeiten des jeweiligen Ziellandes unabdingbar, allerdings wird dies in den seltensten Fällen durch den Ersteller eines Business Plans erfolgen. Dieser wird professionelle Hilfe durch Experten im Zielland einholen, wobei dann auch die nachfolgenden Kriterien eine wichtige Rolle spielen.

Steuerliche Aspekte

Je nach Unternehmensform können unterschiedliche Steuern, Steuersätze und gegebenenfalls Freibeträge anfallen.

Gründungskosten und Eigenkapitalerfordernisse

Gründungskosten sind in aller Regel abhängig von der Komplexität der Unternehmensform. Bei Personengesellschaften reicht häufig eine Gewerbeanmeldung und eventuell ein einfacher Gründungsvertrag. Bei Kapitalgesellschaften fallen deutlich höhere Kosten an.

Haftungsfragen und Gewinnverteilung

Rechtsformen, die eine Haftungsbeschränkung vorsehen, schützen die Eigentümer des Unternehmens im Insolvenzfall.

Bürokratischer Aufwand

Ein bürokratischer Aufwand, der mit einer Rechtsform verbunden ist, wird häufig unterschätzt. Insbesondere Aufwände für steuerliche Aspekte und die Rechnungslegung werden bei der ersten Begeisterung für eine neue Idee gerne übersehen.

Veröffentlichungspflichten

Kapitalgesellschaften sind in aller Regel dazu verpflichtet, ihre Ergebnisse öffentlich zu machen.

Beispiel: Zalando AG

Unter http://www.zalando.de/presse-zalando-aendert-rechtsform-in-zalando-ag/ findet man folgende Pressemitteilung:

„Berlin, 11. Dezember 2013. Zum heutigen Tag wurde die Umwandlung der Rechtsform von einer GmbH in die Zalando Aktiengesellschaft (AG) zur Eintragung ins Handelsregister eingereicht. Die Umwandlung der Gesellschaftsform ist ein lang geplanter Schritt in Richtung einer Unternehmensstruktur, die der Größe des Unternehmens gerecht wird. Dieser Schritt ermöglicht Zalando die Flexibilität, die für das weitere Wachstum und die künftige Entwicklung des Unternehmens notwendig ist. Die Änderung hat keinerlei Auswirkungen auf das operative Geschäft oder die Rechtsform der Tochtergesellschaften."

uvk-lucius.de/schritt-fuer-schritt

2.6 Rechtliche Rahmenbedingungen

Merke

Die Rechtsform eines Unternehmens hat zwar meist keine gravierenden Auswirkungen auf die Wirtschaftlichkeit eines Vorhabens, sollte aber dennoch selbstverständlicher Bestandteil der Überlegungen sein.

Übungsaufgabe 2.6

Ermitteln Sie für die nachfolgenden Unternehmen die Rechtsform. Warum wurde diese Rechtsform aus Ihrer Sicht gewählt?

Unternehmen	Internetseite	Rechtsform	Gründe für die Wahl der Rechtsform
Bosch	http://www.bosch.de		
BASF	http://www.basf.com		
Gothaer Versicherung	http://www.gothaer.de		
Stihl Holding	http://www.stihl.de		
Trigema	http://www.trigema.de		

> **Übungsaufgabe 2.7**
>
> Schauen Sie sich die Firmenhistorie von Porsche an (z.B. http://de.wikipedia.org/wiki/Porsche). Welche Gründe sprachen für die jeweilige Änderung der Rechtsform des Unternehmens?
>
> _____
> _____
> _____
> _____
> _____
> _____
> _____
> _____

2.6.2 Rechtliche und steuerliche Rahmenbedingungen

Die sonstigen rechtlichen und steuerlichen Rahmenbedingungen sind zu berücksichtigen, da sie häufig die Wirtschaftlichkeit eines Vorhabens überhaupt erst gewährleisten oder aber zumindest massiv beeinflussen. Beispielhaft sind zu nennen:

- Umweltauflagen
- Verbote/Einschränkungen in Bezug auf den Kapitalverkehr
- Subventionen
- Arbeitsrecht

Beispiel: Brauereien

Gemäß einer Umfrage des Deutsches Industrie- und Handelskammertags (DIHK) 2017 stellen neben dem Fachkräftemangel hohe Kosten im Energiebereich (durch Auflagen und Abgaben) den wichtigsten Grund für Auslandsinvestitionen deutscher Unternehmen dar (vgl. DIHK-Umfrage – Auslandsinvestitionen in der Industrie 2017).

> **Merke**
>
> Die **Prüfung rechtlicher und steuerlicher Rahmenbedingungen** erfolgt in der Regel durch **das Hinzuziehen von Experten** und gehört zu den Pflichtaufgaben bei jedem unternehmerischen Business Case.

uvk-lucius.de/schritt-fuer-schritt

2.6 Rechtliche Rahmenbedingungen

Übungsaufgabe 2.8

Diskutieren Sie kritisch die Vor- und Nachteile von staatlichen Subventionen zur Unternehmensansiedlung. Informieren Sie sich über den Fall Nokia mit seinem Werk in Bochum und der darauffolgenden Entwicklung am Standort Cluj (Rumänien). Leiten Sie daraus Konsequenzen für eine wirtschaftliche Betrachtung aus Unternehmenssicht ab.

Vorteile	Nachteile

Konsequenzen:

_____
_____
_____
_____
_____

2.7 Unternehmensverbindungen

Unternehmensverbindungen lassen sich grob klassifizieren als Kooperationen oder Konzentrationen. Unter einer Kooperation versteht man eine Zusammenarbeit wirtschaftlich selbstständiger Partner, bei der Konzentration (Mergers & Acquisitions oder kurz M&A) hingegen verliert zumindest einer der Partner seine wirtschaftliche Selbstständigkeit.

Beispiele für Kooperationen sind Kartelle, Konsortien, Interessensgemeinschaften und Joint Ventures. Bei Joint Ventures gründen zwei oder mehrere unabhängige Unternehmen eine neue rechtlich selbständige Gesellschaft. Insofern handelt es sich in gewisser Weise um die Neugründung eines (Tochter-)Unternehmens, nur dass die Leitung des neuen Unternehmens gemeinschaftlich durch die beteiligten Partner erfolgt.

Beispiele für Konzentrationen sind Unternehmenskäufe und Unternehmensfusionen.

Die Gründe für Unternehmensverbindungen können sehr unterschiedlich sein. Zumeist handelt es sich aber um wirtschaftliche Vorteile, die sich aus neuen Wachstumsmöglichkeiten, der Risikostreuung oder aus Synergieeffekten ergeben. Diese im Vordergrund stehenden Vorteile können sich in allen Bereichen der wirtschaftlichen Leistungserstellung ergeben, sei es in Forschung und Entwicklung, bei der Beschaffung, Produktion oder beim Absatz. Auch Einsparungen in Verwaltung und bessere Finanzierungsmöglichkeiten werden gerne als Motive genannt.

Häufig stellt die Wirtschaftlichkeitsprüfung einer Unternehmensverbindung bereits den eigentlichen Business Case für einen Business Plan dar. In anderen Fällen werden insbesondere Kooperationen als Teil der Geschäftsstrategie angesehen. In praxi werden die positiven Aspekte von Unternehmensverbindungen gerne überschätzt und mögliche Probleme und Kosten vernachlässigt. Eine kritische Prüfung ist deshalb unerlässlich.

Beispiel: Brauereien

Die Bierbranche ist in den letzten Jahrzenten durch eine große Zahl von Unternehmenszusammenschlüssen gekennzeichnet. So ist etwa die Brauerei Beck GmbH & Co. KG nun Teil der Anheuser-Busch InBev NV.

> **Merke**
>
> Unternehmensverbindungen zielen auf **Kosteneinsparungen und Synergieeffekte**. Es ist stets kritisch zu überprüfen, ob **Kannibalisierungseffekte** vorliegen.

Übungsaufgabe 2.9

Alle oben aufgeführten Gründe und Ziele spielen eine mehr oder weniger starke Rolle bei dem erwähnten Konzentrationsprozess in der Brauerei-Branche. Bewerten Sie diese für das oben genannte Beispiel von Beck und AB InBev anhand der Einteilung sehr wichtig / wichtig / weniger wichtig!

Ziele	sehr wichtig / wichtig / weniger wichtig
Beschaffung	
Produktion	
Investition- und Finanzierung	
Absatz	
Forschung und Entwicklung	
Verwaltung	
Gründe	sehr wichtig / wichtig / weniger wichtig
Wachstum	
Risikostreuung	
Synergieeffekte	

Übungsaufgabe 2.10

Der US-amerikanische Autobauer Chrysler hat nach einer gescheiterten Fusion mit Daimler nun mit dem italienischen Hersteller Fiat fusioniert und firmiert nun als Fiat Chrysler Automobiles N.V. als niederländische Holding-Gesellschaft. Welche Unterschiede sehen Sie bei den beiden Fusionen?

_____
_____
_____
_____
_____

2.8 Finanzierungsoptionen

Unter Finanzierungsoption verstehen wir eine mögliche Auswahl unterschiedlicher Formen der Finanzierung eines wirtschaftlichen Vorhabens.

Im Rahmen eines Business Plans können an dieser Stelle bereits konkret ermittelte Optionen (Alternativen) oder auch nur theoretische Möglichkeiten diskutiert werden.

An dieser Stelle zeigt der Ersteller die Konsequenzen für den gegebenen Business Case durch unterschiedliche Finanzierungsmöglichkeiten auf. Kriterien können sein:

- Dauer der Finanzierung (kurzfristig – langfristig)
- sich aus der Finanzierungsform ergebende Zahlungsverpflichtungen (Zinsen – Dividenden)
- Rückzahlungszeitpunkte
- steuerliche Auswirkungen
- Auswirkungen auf die Reputation des Unternehmens und damit bei Geschäftspartnern und Kunden
- Konsequenzen aus der Wirtschaftlichkeitsrechnung
- Reputation des Kapitalgebers (Flexibilität bei Zahlungsschwierigkeiten)

Merke

Finanzierungen haben neben einem Kostenaspekt gravierende Auswirkungen auf die **Liquidität eines Unternehmens**. Die Finanzierung eines Business Case sollte stets eine ausreichende finanzielle **Sicherheitsmarge** berücksichtigen.

Übungsaufgabe 2.11

Erörtern Sie den Fall der Porsche AG 2009 (vgl. http://www.zeit.de/online/2009/22/porsche-insolvenz-ueberbrueckung). Welche Probleme haben sich aus der kurzfristigen Finanzierung ergeben?

Eigene Notizen

Schritt 3: Marketing

Lernziele

> Im Kapitel Marketing lernen Sie, wie Sie den Markt für Ihren Business Case ermitteln und gegebenenfalls geeignet segmentieren. Sie erfahren, welche Möglichkeiten es gibt, um Marketing- und Unternehmensziele strukturiert festzulegen. Abschließend erhalten Sie einen Überblick über die wesentlichen Aspekte eines Marketing-Mix. Sie lernen Ihre Annahmen kritisch zu hinterfragen und zu verbessern.

Die Basis einer finanzwirtschaftlichen Analyse ist die Kenntnis des Marktes für das untersuchte Vorhaben. Handelt es sich um konkrete Produkte so geht es darum, zu ermitteln, wie viele Produkte man voraussichtlich im Zeitablauf zu welchem Preis verkaufen kann.

Die Größe dieses (Absatz-)Marktes zu kennen, heißt aber zunächst nur, die Zahl potenzieller Kunden bestimmt zu haben. In einem zweiten Schritt muss man sich darüber im Klaren sein, was man als unternehmerisches Ziel anstrebt. Sieht man sich eher als Nischen- oder eher als Massenhersteller? Welche Qualitätsansprüche stellt man? Welche Wachstumsziele verfolgt man? Um nur ein paar mögliche Fragestellungen aufzuwerfen.

Erst mit diesen strategischen Vorgaben ist es möglich, sich konkret über die Ausgestaltung des Produkts oder der Produkte Gedanken zu machen. Schnell wird klar, dass dazu viele verschiedene Faktoren zu berücksichtigen sind, welche häufig auch als Marketing-Mix bezeichnet werden:

- Wie sieht das Produkt im Detail aus?
- Gibt es Zusatzleistungen?
- Wie teuer ist das Produkt?
- Gibt es Rabattaktionen?

- Wo und wie kann man es kaufen?
- Wie wird das Produkt vermarktet?

Selbstverständlich kann man anschließend im Rahmen der Finanzanalyse zur Erkenntnis kommen, dass die strategischen Vorgaben und ihre daraus abgeleitete Umsetzung nicht profitabel sein werden. Dies kann dann zur Aufgabe des Vorhabens oder zu einer Anpassung der Strategie führen. Wir sehen also möglicherweise einen iterativen Prozess der mehrmals wiederholt werden muss, bis man zu einer optimalen Strategie und einem perfekten Marketing-Mix gelangt.

Bei anderen Formen von Business Plänen, die eher durch Prozessoptimierungen gekennzeichnet sind, können sich diese Fragen oft vereinfachen oder sind obsolet.

Merke

Der Marketingteil eines Business Plans besteht aus drei Teilen: der Marktanalyse und Segmentierung, der Formulierung von strategischen Zielen und der konkreten Ausarbeitung eines Marketing-Mix.

3.1 Marktanalyse

Die Marktanalyse im Rahmen eines Business Plans umfasst im Wesentlichen drei Teilaufgaben:

- die Definition des Marktes bzw. von Teilmärkten (Segmentierung),
- die Größenabschätzung des Gesamtmarktes und seiner Segmente für den gesamten Planungshorizont und
- die Abschätzung der Marktanteile für das eigene Vorhaben.

Die zweite und dritte Teilaufgabe der Marktanalyse stellen gerade unerfahrene Ersteller von Business Plänen vor große Herausforderungen. Allzu oft scheint die Analyse einer Kaffeesatzleserei zu gleichen. Wie soll man seriös voraussagen, wie viele Personen an einem Produkt, wie viele Unternehmen an einer Idee interessiert sind? Und kann man tatsächlich daraus einen Marktanteil für das eigene Vorhaben, das eigene Produkt ableiten? Darüber hinaus muss das Ganze dann für ein paar Jahre prognostiziert werden. Nun, offensichtlich müsste man hellseherische Fähigkeiten besitzen, um dies exakt vornehmen zu können, aber durch das Beachten einiger Grundsätze ist es zumindest möglich, ein konsistentes Gerüst von Annahmen aufzustellen:

Grundsatz 1: Achten Sie auf eine präzise Definition Ihres (Absatz-)Marktes!

Grundsatz 2: Hinterfragen Sie Ihre Annahmen kritisch!

Grundsatz 3: Verifizieren Sie Ihre Annahmen anhand mehrerer Quellen!

Grundsatz 4: Verlassen Sie sich nicht blind auf Marktanalysen anderer!

Grundsatz 5: Hinterfragen Sie insbesondere konstante Wachstumsraten!

Grundsatz 6: Achten Sie auf eine sinnvolle Segmentierung des Gesamtmarktes!

Grundsatz 7: Suchen Sie Benchmarks für Ihre Annahmen zu möglichen Marktanteilen!

Grundsatz 8: Stellen Sie dumme Fragen und seien Sie nicht zu optimistisch!

Grundsatz 9: Verlieren Sie Ihr Ziel nicht aus dem Auge!

Mit dem letzten Grundsatz wollen wir darauf hinweisen, dass es nicht darum geht, möglichst vielen Daten und Quellen zu sammeln, die dann unstrukturiert präsentiert werden. Das Ziel der Marktanalyse ist es, darauf aufbauend eine konsistente Vorhersage zukünftiger Umsatzzahlen machen zu können.

Merke

Die Marktanalyse setzt eine klare Marktdefinition voraus. Die Analyse des Gesamtmarktes sollte möglichst viele unabhängige Quellen umfassen. Die Segmentierung erlaubt schließlich konkrete Annahmen zu möglichen und angestrebten Marktanteilen des eigenen Business Case.

3.1.1 Marktdefinition

Unter Marktdefinition versteht man die Beschreibung des (Absatz-)Marktes anhand von abgrenzbaren Kriterien. Zu unterscheiden sind hierbei ein Gesamtmarkt und daraus abgeleitete Teilmärkte, sogenannte Segmente. Marktsegmentierung ist somit die Aufteilung eines Gesamtmarktes in Teilmärkte. Eine sinnvolle Segmentierung erfordert eindeutige Kriterien und überschneidungsfreie Teilmärkte. Überschneidungsfreiheit soll verhindern, dass in einem späteren Stadium der Analyse Doppelzählungen erfolgen. Eine zu feingliedrige Aufteilung sollte ebenfalls vermieden werden. Entscheidend für eine gute Segmentbildung ist aber, dass diese in einem Zusammenhang zur möglichen Marketingstrategie und einem wählbaren Marketing-Mix stehen.

Beispiel

Als Gesamtmarkt aller potenziellen Autokäufer könnten beispielsweise alle Besitzer eines Führerscheins in einem bestimmten Land definiert werden, die jünger als 70 Jahre sind.

Zur Segmentierung dieses Marktes werden dann nachfolgende Kriterien verwendet:

- Örtlichkeit: Stadtbewohner, Landbewohner, Flachland, Berge, Wüste, etc. (geografisch)
- Alter / Altersklasse: 18-25; 26-40; 41-70 (demografisch)
- Fahrweise: sportlich, sicherheitsorientiert (psychografisch)

Weitere Verfeinerungen können dann durch die Kombination der Kriterien vorgenommen werden:

- Segment 1: Stadtbewohner, 18-25, sportliche Fahrweise
- Segment 2: Stadtbewohner, 18-25, sicherheitsorientierte Fahrweise
- etc.

Hier stellt sich nun die Frage, ob man diese Marktsegmente nun auch mit Autos beliefern kann, die für das Segment besonders geeignet sind und hierfür transparente Produktmerkmale besitzen.

Merke

Die verwendete Marktdefinition sollte sicherstellen, dass verschiedene Quellen für die Analyse des Gesamtmarktes berücksichtigt werden können. Externe Marktanalysen beziehen sich oft auf unterschiedliche Marktdefinitionen, stellen Sie sicher, dass Sie nicht Äpfel mit Birnen vergleichen.

Die auf der Analyse eines Gesamtabsatzmarktes erfolgte Segmentierung ist die Basis für eine erfolgreiche Marketingstrategie und einen zielgerichteten Marketing-Mix. Achten Sie darauf, dass die gewählten Kriterien hierfür sinnvoll ausgewählt wurden.

Übungsaufgabe 3.1

Sie planen eine Diskothek aufzumachen. Definieren Sie Ihren Absatzmarkt! Fragen Sie noch zwei Freunde, nach welchen Kriterien diese den Markt definieren würden!

Eigene Überlegungen	....	....

uvk-lucius.de/schritt-fuer-schritt

Übungsaufgabe 3.2

Nehmen Sie Marktsegmentierungen für folgende Märkte vor:

- Immobilienmarkt
- Handymarkt
- Getränkemarkt

Immobilien	Handys	Getränke

Übungsaufgabe 3.3

Coca Cola hat in den letzten Jahren immer wieder neue Produkte im Markt platziert. Welche Marktsegmentierungen könnten hierfür maßgebend gewesen sein?

Übungsaufgabe 3.4

Die sogenannten Sinus-Milieus sind ein Ansatz im Rahmen der Zielgruppenforschung. Sie erlauben eine Einteilung nach sozialen Milieus. Setzen Sie sich kritisch mit diesem Ansatz auseinander. Finden Sie Pros und Cons für die Anwendung dieser Segmentierung im Rahmen eines Business Plans. Wählen Sie hierzu einen Business Case Ihrer Wahl.

Business Case:

Pros	Cons

uvk-lucius.de/schritt-fuer-schritt

3.1.2 Analyse des Gesamtmarktes und Marktsegmentierung

Die Analyse der Größe eines Gesamt- oder Teilmarktes erfolgt anhand von Primär- und Sekundärforschung. Unter Primärforschung versteht man eigene Untersuchungen, unter Sekundärforschung die Auswertung der Ergebnisse anderer. Für die Vorhaben im Rahmen von Business Plänen bietet sich meist eine Kombination von beidem an. Primärforschung ist häufig sehr aufwendig und kostspielig. Oftmals befindet sich ein Business Case auch noch in einem sehr frühen Stadium, beispielsweise wenn eine Innovation noch nicht vollständig umgesetzt ist, so dass Primärforschung noch sehr schwierig ist bzw. kaum Aussagekraft besitzen würde. Andererseits wird man kaum Studien finden, die genau die gewünschte Fragestellung aufgreifen. Man wird also bei Verwendung der Ergebnisse Dritter immer wieder Interpretationen vornehmen müssen. Auch lässt sich nicht immer ausschließen, dass die Ersteller der ursprünglichen Studie unseriös gearbeitet haben. All dies führt zur Erkenntnis, dass man Sekundärforschung am besten durch eigene Primäruntersuchungen zu bestätigen versucht. Umgekehrt gilt das natürlich auch. Als Formen von Primärforschung bieten sich Befragungen, Tests und gegebenenfalls Beobachtungen an.

Eine weitaus schwierigere Frage ist, wie man Informationen so bündelt, dass dadurch konkrete Aussagen über Marktgröße und Umsatz möglich sind. Eine Aussage etwa, dass die Zahl der Veganer in Deutschland bei zirka 1 Million liegt und jährlich um 10 % steigt, sagt noch nichts darüber aus, ob sich diese dann vor allem auf Fleischersatzprodukte stürzen werden oder andere Lebensmittel bevorzugen. Wir erinnern deshalb an dieser Stelle wieder an die ursprüngliche Zielsetzung der Marktanalyse: Wie viel Umsatz kann im Projektionszeitraum pro Periode erzielt werden?

Umsatz setzt sich aus Anzahl der verkauften Produkte multipliziert mit dem jeweiligen Preis zusammen, wobei der Preis aufgrund der Absatzmenge und der Preispolitik im Zeitablauf variieren kann. Für die Marktanalyse steht zwar zunächst die Anzahl verkaufter Produkte im Blickpunkt. Diese ergeben sich wiederum aus Marktanteil multipliziert mit Anzahl verkaufter Produkte im (Teil-)Markt. Mögliche Auswirkungen auf die Preisentwicklung des Marktes sollten jedoch beachtet werden.

Beispiel

Marktforschungsinstitute wie die Gesellschaft für Konsumforschung (http://www.gfk.com) können bei der Marktanalyse unterstützen. Vergleichen Sie hierzu beispielsweise die dort genannten Success Stories.

Merke

Die Marktanalyse sowohl für den Gesamtmarkt als auch einzelne Segmente besteht aus zwei Teilen:

1. Der Ermittlung der heutigen Größe des Marktes und der definierten Teilmärkte und

2. der Prognose der zukünftigen Entwicklung.

Übungsaufgabe 3.5

Sie planen einen Laden für Pralinen in der Fußgängerzone Ihrer Stadt aufzumachen. Analysieren Sie Ihren Markt und nehmen Sie eine Marktsegmentierung vor. Wie groß sind Ihre Marktsegmente und wie werden sie sich voraussichtlich entwickeln?

	Marktsegment 1	Marktsegment 2	Marktsegment 3
Definition			
Marktgröße			
Prognose			

uvk-lucius.de/schritt-fuer-schritt

> **Übungsaufgabe 3.6**
>
> Recherchieren Sie, welche Studien zur E-Mobilität vorliegen. Vergleichen Sie diese und achten Sie auf „Ungereimtheiten". Welche Interessen könnte der jeweilige Ersteller der Studie gehabt haben?

_____

_____

_____

_____

_____

_____

_____

_____

3.1.3 Analyse der Marktanteile

Für den Business Case spielt nun die Frage eine Rolle, wie groß der Kuchen ist, den man sich vom Gesamt- oder Teilmarkt abschneiden kann. Dieser Marktanteil multipliziert mit der Gesamtzahl verkaufter Produkte im (Teil-)Markt ergibt das Umsatzvolumen des Vorhabens.

Es gibt zwei Ansätze, um diese Frage zu beantworten. Der erste Ansatz orientiert sich explizit an den Marktanteilen pro Periode. Der Business Plan gibt demnach konkret Marktanteile vor und multipliziert diese mit dem Gesamtmarkt und erhält somit die Anzahl verkaufter Produkte. Der zweite Ansatz nimmt Marktanteile nur implizit auf. Es wird von einer bestimmten Anzahl Produkte im ersten Jahr ausgegangen und dann werden Wachstumsraten pro Jahr modelliert. Diese Vorgehensweise ermöglicht es scheinbar, dass man auf die Modellierung der Entwicklung des Gesamtmarktes verzichten kann. Eine Verifizierung der Wachstumsraten anhand der Marktanteile sollte jedoch niemals ausbleiben, wie nachfolgendes Beispiel verdeutlichen mag.

Beispiel

Wir unterstellen einen Projektionszeitraum von 10 Jahren. Ein Unternehmen hat einen Marktanteil von 1% heute. Die im Rahmen des Business Plans untersuchten Maßnahmen sollen zu einem durchschlagenden Erfolg werden und man unterstellt in zwei Szenarien jährliche Wachstumsraten von 30% bzw. 50% pro Jahr. Die folgende Tabelle gibt an, wie stark sich der Marktanteil bei unterschiedlicher Entwicklung des Gesamtmarktes (zwischen 0% und 5%) verändert.

Szenario 30%:

Jahr	1	2	3	4	5	6	7	8	9	10
Wachstum Gesamtmarkt	\multicolumn{10}{c}{Marktanteil des Unternehmens}									
0%	1,3%	1,7%	2,2%	2,9%	3,7%	4,8%	6,3%	8,2%	10,6%	13,8%
1%	1,3%	1,7%	2,1%	2,7%	3,5%	4,5%	5,9%	7,5%	9,7%	12,5%
2%	1,3%	1,6%	2,1%	2,6%	3,4%	4,3%	5,5%	7,0%	8,9%	11,3%
3%	1,3%	1,6%	2,0%	2,5%	3,2%	4,0%	5,1%	6,4%	8,1%	10,3%
4%	1,3%	1,6%	2,0%	2,4%	3,1%	3,8%	4,8%	6,0%	7,5%	9,3%
5%	1,2%	1,5%	1,9%	2,3%	2,9%	3,6%	4,5%	5,5%	6,8%	8,5%

Szenario 50%:

Jahr	1	2	3	4	5	6	7	8	9	10
Wachstum Gesamtmarkt	\multicolumn{10}{c}{Marktanteil des Unternehmens}									
0%	1,5%	2,3%	3,4%	5,1%	7,6%	11,4%	17,1%	25,6%	38,4%	57,7%
1%	1,5%	2,2%	3,3%	4,9%	7,2%	10,7%	15,9%	23,7%	35,2%	52,2%
2%	1,5%	2,2%	3,2%	4,7%	6,9%	10,1%	14,9%	21,9%	32,2%	47,3%
3%	1,5%	2,1%	3,1%	4,5%	6,6%	9,5%	13,9%	20,2%	29,5%	42,9%
4%	1,4%	2,1%	3,0%	4,3%	6,2%	9,0%	13,0%	18,7%	27,0%	39,0%
5%	1,4%	2,0%	2,9%	4,2%	5,9%	8,5%	12,1%	17,3%	24,8%	35,4%

Zum Vergleich: Der Marktanteil von Mercedes-Benz liegt bei Pkw-Neuzulassungen in der Europäischen Union meist zwischen 5 und 7%. Auch der Marktanteil von Apple liegt bei Smartphones unter 25%.

Merke

Die Marktanteilsprognosen und Wachstumsraten sollten stets mehrfach plausibilisiert werden. Marktanteile auch prominenter Marken sind meist viel kleiner als erwartet.

Übungsaufgabe 3.7

Ermitteln Sie Marktanteile verschiedener Hersteller im Automobilbereich und für den Smartphone-Markt.

Marke	Jahr ...	Jahr ...	Jahr ...	Jahr ...	Jahr ...	Jahr ...

3.2 Marketing-Strategie

Um die Erfolgsaussichten eines neuen Vorhabens zu steigern, ist es wichtig, eine fundierte Marketing-Strategie zu erarbeiten, weshalb eine Ist-Aufnahme der aktuellen Situation des eigenen Unternehmens, seiner Produkte und der Unternehmensumwelt notwendig ist. Es kann aus einer Vielzahl an Werkzeugen ausgewählt werden, wobei wir gerne näher auf die **BCG-Matrix**, die **Produktlebenszykluskurve**, die **SWOT**-Analyse und auf **Porter´s Five Forces** eingehen möchten.

3.2.1 BCG-Matrix

Die BCG-Matrix dient als Hilfestellung, um Klarheit über das eigene Produktportfolio zu erhalten und hieraus geeignete Strategien abzuleiten. Dabei werden die eigenen Produkte mit Fokus auf ihren relativen Marktanteil und ihr Marktwachstum betrachtet und in das passende Feld der Matrix eingetragen.

Vielversprechende *Question Marks*, welche meist noch einen negativen Cash Flow generieren, gilt es, mit zusätzlichen Investitionen zu fördern, um einen größeren relativen Marktanteil zu erreichen. *Stars* sollten ebenfalls gestärkt werden, um aus ihnen *Cash Cows* zu entwickeln. *Cash Cows* weisen bereits einen positiven Cash Flow auf und sollten so lang wie möglich als solche erhalten bleiben. *Poor Dogs* kann man in der Regel nur im Portfolio belassen, wenn diese einen positiven Deckungsbeitrag leisten.

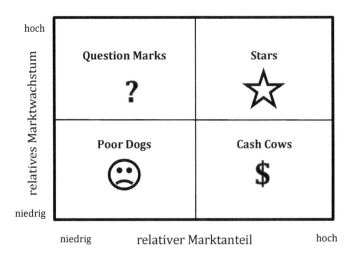

3.2.2 Produktlebenszykluskurve

Die Produktlebenszykluskurve bildet die klassische Entwicklung des Umsatzes während eines Produktlebens ab. In der *Einführungsphase* ist der Umsatz gering und es muss versucht werden mit dem geeigneten Marketing-Mix auf das neue Produkt aufmerksam zu machen, um schnell einen relativen Marktanteil zu erlangen. Während der *Wachstumsphase* gilt es, die Strategie auf eine Absatzsteigerung auszurichten. Wenn es ein Produkt bis in die Reifephase geschafft hat, gilt es, die vorhandene Position zu verteidigen und so lange wie möglich zu halten, denn in diesem Stadium kann am meisten an einem Produkt verdient werden. Gleichzeitig wird in dieser Phase auch eine *Sättigung* des Gesamtmarktes zu spüren sein, was zu einem Verdrängungswettbewerb führen kann. Die letzte Phase ist die *Degenerationsphase,* solange das Produkt einen positiven Deckungsbeitrag liefert, kann man es im Portfolio belassen.

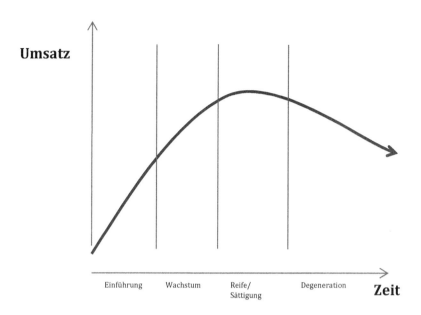

3.2.3 SWOT-Analyse

Durch die SWOT-Analyse werden die internen und gegenwartsbezogenen Stärken und Schwächen ermittelt und den externen und zukunftsorientierten Risiken gegenübergestellt. Dies kann zum Beispiel mit Fokus auf ein Produkt, das Gesamtunternehmen, auf einen spezifischen Prozess geschehen. Im Anschluss sollten aus dem Ergebnis passende Strategien abgeleitet werden. Wenn möglich, sollten Risiken in Chancen und Schwächen in Stärken umgewandelt werden. Eine Weiterentwicklung der SWOT-Analyse ist die TOWS-Analyse, die zusätzlich die strategischen Optionen aufzeigt.

SWOT	heute	morgen
positiv	**Stärken**	**Chancen**
negativ	**Schwächen**	**Risiken**

Beispiel

Durch eine SWOT-Analyse wurden Biologen in Florida auf die große Bedrohung für das örtliche Ökosystem durch die Invasion der Feuerfische aufmerksam. Um aus diesem Risiko eine Chance zu machen, entwickelten sie gemeinsam mit örtlichen Restaurants schmackhafte Gerichte mit der Hauptzutat Feuerfisch.

3.2.4 Porters Five Forces

Mit diesem Tool wird deutlich, welche Kräfte auf ein neues Vorhaben einwirken können. Betrachtet werden der Wettbewerb auf dem Markt, in dem man agiert, und die Einflüsse (Kunden, neue Wettbewerber, Zulieferer und Substitutionsgüter), welche von außen in den Markt einwirken können.

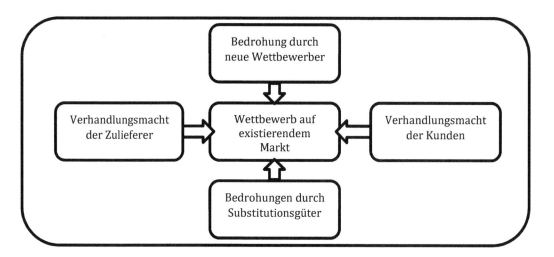

Merke

Es gibt nicht die eine richtige Marketing-Strategie. Zudem muss immer wieder überprüft werden, wie sich die Gesamtsituation entwickelt hat, um gegebenenfalls Anpassungen an der Strategie vorzunehmen.

Übungsaufgabe 3.8

Die Daimler AG hat unterschiedliche Antriebstechniken im Angebot. Beschriften und befüllen Sie die BCG-Matrix mit Bezug auf diese Motorenpalette.

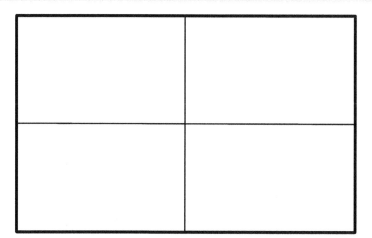

Übungsaufgabe 3.9

Tesla möchte mehrere Produktionsstätten in Europa aufbauen und überlegt sich, eine davon in Stuttgart zu platzieren. Führen Sie eine SWOT-Analyse zu Stuttgart als Produktionsstätte durch und leiten Sie hieraus mögliche Strategien für Tesla ab.

Welche Strategien können Sie hieraus ableiten?

_____

_____

_____

_____

3.3 Marketing-Mix

Unter Marketing-Mix verstehen wir die konkrete Ausgestaltung des Business Case. Während bei der allgemeinen Business Case-Beschreibung, so wie wir dies in Kapitel 2.2 behandelt haben, vor allem einige wenige Highlights oder USPs (unique selling propositions) im Vordergrund stehen, geht es nun um eine umfassende Darstellung des Vorhabens des Business Plans. Wie bei anderen Themen auch, muss selbstverständlich individuell entschieden werden, welche der nachfolgenden Aspekte wirklich relevant sind. Je produktbezogener das Vorhaben ist, desto mehr wird man sich um einen gut ausgearbeiteten Marketing-Mix bemühen.

Traditionell stehen beim Marketing-Mix vier Themen im Fokus. Die 4Ps umfassen

- die Produktstrategie (engl. product),
- die Preisstrategie (engl. price),
- die Kommunikationsstrategie (engl. promotion) und
- die Distributions- und Vertriebsstrategie (engl. place).

Auch wenn es sich beim Business Plan nicht um eine ausgefeilte Marketingstrategie handelt, ist eine Orientierung an diesen vier Gesichtspunkten durchaus nützlich. Zwischenzeitlich ist das Konzept auf 7Ps erweitert worden. Hinzugekommen sind die Personalpolitik (engl. personnel), kundenorientierte Geschäftsprozesse (engl. process management) und die Ausstattungsstrategie (engl. physical facilities), wobei diese vor allem im Dienstleistungsbereich relevant sind.

Basis für die Detaildarstellung des Vorhabens sind die Erkenntnisse aus der Marktanalyse und die strategische Zielsetzung des Unternehmens bzw. des Business Case. Es ist gut, diese Rahmenbedingungen immer wieder gedanklich aufzurufen, um einen konsistenten Business Case zu schaffen. Stellt sich bei der nachfolgenden Profitabilitätsbetrachtung heraus, dass die strategischen Ziele nicht profitabel umsetzbar sind, müssen diese ggf. geändert werden und der Marketing-Mix angepasst werden.

Merke

Marktanalyse und Marketingstrategie führen zu einer verfeinerten Ausarbeitung des Business Case. Verschiedene Faktoren sind dazu zu berücksichtigen, eine Orientierung am Konzept des Marketing-Mix ist sinnvoll, aber nicht zwingend. Auch können weitere Fragestellungen aufkommen, so dass sich der Marketing-Mix als nicht vollständig herausstellt. Eine mehrmalige Anpassung und Korrektur kann sich als notwendig herausstellen.

Übungsaufgabe 3.10

Überlegen Sie sich, welche Schwerpunkte Sie im Rahmen der 4Ps setzen würden, falls Sie nachfolgende strategische Ziele haben:

Strategisches Ziel	Produkt	Preis	Kommunikation	Vertrieb
Jährliche Umsatzsteigerung um mindestens 15%				
Erhöhung des Marktanteils auf 10% des Marktsegments				

Qualitätsverbesserung: Reduktion fehlerhafter Produkte um 30%				
Qualitätsverbesserung: Erhöhung der Servicequalität				
Qualitative Wahrnehmung meiner Produkte verbessern				
Erhöhung der Kundenzufriedenheit gemessen durch Telefonbefragung				
Erhöhung der Brand-Awareness (Markenbekanntheit)				
Markteintritt (international)				

3.3.1 Produktstrategie

Bei der Produktbeschreibung geht es um die grundsätzliche Festlegung des Vorhabens. Was sind die wesentlichen Eigenschaften des Produkts, des Prozesses bzw. ganz allgemein des Business Case. Hierzu gehören neben dem Kernprodukt

- die Darstellung von Serviceleistungen und zusätzlichen Angeboten,
- die angestrebte Qualität,
- der Produktname,
- die Verpackungsgröße und die Art der Verpackung.

Für das Kernprodukt sollten Sie sich auf die Alleinstellungsmerkmale, die sogenannten USPs, konzentrieren und herausarbeiten, was Ihr Vorhaben von anderen unterscheidet. Für die meisten Adressaten steht hierbei der Kundennutzen im Vordergrund.

Serviceleistungen könnten ein kostenloser Transport zum Kunden oder zusätzliche kostenfreie Beratung- und Schulungsleistungen sein. Als zusätzliche Angebote könnte man sich Garantieverlängerungen und Ergänzungsprodukte vorstellen. Tatsächlich ist es in vielen Branchen inzwischen üblich, das Kernprodukt extrem günstig anzubieten, um dann über Zusatzleistungen Geld zu verdienen.

Die Qualität eines Produkts wird in fast jedem Business Case als eines der zentralen Themen beschrieben. Achten Sie darauf, dass hohe Produktqualität in aller Regel ihren Preis hat. Dies sollte an anderer Stelle entsprechend aufgegriffen werden. Gleichzeitig bietet eine hohe Produktqualität Potenzial, Kosten zu sparen, wenn beispielsweise hierdurch die Kosten für Gewährleistungsansprüche entstehen oder weniger Ausschuss in der Produktion anfällt.

Der Produktname ist ein zentraler Teil der Produktstrategie. Im Rahmen von Business Plänen spielt der Name des Produkts oder des Vorhabens meist noch nicht die große Rolle. Die endgültige Festlegung erfolgt zumeist in einem späteren Stadium. Gute Namensideen müssen aber selbstverständlich nicht verheimlicht werden.

Unter Verpackung subsumieren wir hier alles, was im Zusammenhang mit dem Produktverkauf steht. Bei einem Freizeitpark kann man als Verpackungsgrößen beispielsweise verstehen, dass es neben Einzeltickets auch Gruppen- und Familientickets gibt.

Merke

Ein Produkt oder Vorhaben bietet neben der eigentlichen Kernidee meist weitere Möglichkeiten, um zusätzliche Gewinne zu generieren. Neben den Gewinnchancen ist es wichtig, den Zusatznutzen für den Kunden aufzuzeigen.

Übungsaufgabe 3.11

Beschreiben Sie für einen Freizeitpark Ihrer Wahl, durch welche zusätzlichen Leistungen neben dem eigentlichen Kernprodukt Geld verdient wird.

3.3.2 Preisstrategie

Die Preisgestaltung ist eines der schwierigsten Themen im Rahmen eines Business Plans. Die Annahmen gehen direkt in die Profitabilitätsrechnung ein und haben großen Einfluss auf die abschließende Bewertung des Vorhabens. Ein paar Dinge sind bei der Preisgestaltung besonders zu beachten:

- mögliche Markteintrittsstrategien
- Preiselastizität
- Marktform
- Preisveränderungen im Laufe des Projektionszeitraums
- Antizipation möglicher Preisanpassungen der Konkurrenz
- Inflation und Kostensteigerungen
- Rabatt- oder Zuschlagspolitik
- Zahlungsmodalitäten

Der Markteintritt erfordert häufig Zugeständnisse beim Preis. Potenzielle Kunden müssen dazu bewogen werden, das neue Produkt zumindest zu testen. Bei Massenprodukten dienen hierzu oft Rabattaktionen gemeinsam mit flankierenden Werbemaßnahmen. Bei Luxusgütern werden dagegen manchmal sogar eine künstliche Verknappung und ein entsprechend hoher Preis angestrebt.

Preiselastizität beschreibt, in wie weit der Produktabsatz sensitiv auf Preisänderungen reagiert. Ist die Preissensitivität groß, muss genau auf die Preisannahmen geachtet werden und möglicherweise sind zusätzliche Sensitivitätsanalysen notwendig. Bei geringer Preissensitivität kann es sich beispielsweise um Luxusgüter handeln.

Grundsätzlich spielt bei der Preispolitik die Marktform eine wichtige Rolle. Handelt es sich beispielsweise um ein völlig neues Produkt, kann man quasi als Monopolist seinen Preis gestalten bis die ersten Nachahmer den Markt betreten. In einem oligopolistischen Markt werden die anderen wenigen Mitstreiter sich schnell anpassen, um keine Marktanteile zu verlieren. Wohingegen in einem Polypol alle klassischen Preisbildungsmodelle angewandt werden können.

Da der Business Plan mehrere Perioden abdecken sollte, ist es notwendig, sich über die anschließende Preisentwicklung Gedanken zu machen. Typischerweise sinken die Kosten pro Produkt bei Erhöhung der Produktion, weil der Fixkostenanteil pro Produkt sinkt. Die Erhöhung der Marge führt letztendlich zu einer Gewinnsteigerung. Selbstverständlich könnten die Vorteile aber auch in Form von Preisreduktion oder Serviceerhöhung an den Kunden weitergegeben werden. Darüber hinaus könnte dies allein schon deshalb notwendig sein, weil neue Anbieter in den Markt eintreten, die Konkurrenz erhöhen und einen Preisdruck auslösen.

Die Preispolitik der Konkurrenz vorherzusagen, ist selbstverständlich nur sehr eingeschränkt möglich. In jedem Fall sollte man sich aber darüber im Klaren sein, dass die eigene Preispolitik eine Reaktion der Konkurrenz auslösen wird.

Inflation hat grundsätzlich eine Erhöhung der Kosten zur Folge, andere Einflussfaktoren können aber auch zu Kostensteigerungen führen (z.B. Fachkräftemangel, Einfuhrbeschränkungen, Abgaben etc.). In wie weit solche Kostensteigerungen an die Kunden weitergegebenen werden können, ist bei der Modellierung zu entscheiden.

Rabatt- und Zuschlagspolitik beschreibt allgemein, ob für bestimmte Kunden besondere Preise vorgesehen sind. Ein Freizeitpark beispielsweise bietet Rabatte für Familien oder Saisonkarten an.

Zahlungsmodalitäten beziehen sich in erster Linie auf die gewährten Zahlungsziele. Je länger die Zahlungsziele, desto höher der Kapitalbedarf des Business Case, da eine Vorfinanzierung notwendig ist. Darüber hinaus ist zu beachten, ob hierfür ein (impliziter) Zins verlangt werden kann und ggf. wie hoch dieser dann ist.

Merke

Preisüberlegungen müssen zur Strategie und den gesetzten Qualitätsanforderungen passen. Preise können sich im Laufe der Projektionsperioden verändern, hierzu sind verschiedene Einflussfaktoren zu berücksichtigen, die sowohl zu Preisanstiegen als auch Preisrückgängen führen können.

Übungsaufgabe 3.12

Beschreiben Sie die Preisstrategie der Smartphone-Hersteller für eine Produktgeneration.

Produkt	Jahr 1	Jahr 2	Jahr 3	Jahr 4
Apple iPhone5				
Samsung S3				
LG G3				
...				

Übungsaufgabe 3.13

Diskutieren Sie mit Freunden die Preiselastizität folgender Produkte! Berücksichtigen Sie unterschiedliche Preise und Qualität!

Produkt	Preiselastizität		
	schwach	mittel	stark
Smartphone			
Auto			
Milch			
Bier			
Urlaubsreise			
...			
...			

3.3.3 Kommunikationsstrategie

Unter der Kommunikationsstrategie oder -politik werden alle Maßnahmen verstanden, die der Promotion des Vorhabens dienen. Meist konzentriert der Ersteller sich hierbei vor allem auf Werbemaßnahmen, doch sollte sich die Analyse nicht nur auf diese beschränken. Weitere Themen könnten Verkaufsförderung und Public Relation sein.

Es gibt zwei Ansätze, um die Kosten für die Kommunikationsstrategie abzuschätzen:

- Vorgabe eines Budgets, das sich am Umsatz oder an einer anderen Größe orientiert
- explizite Berechnung der Kosten einzelner Maßnahmen

Auch wenn es manchmal schwierig erscheinen mag, sollte der Ersteller des Business Plans auch versuchen, beide Ansätze für eine wechselseitige Plausibilisierung anzuwenden. Dies gilt insbesondere für Ersteller von Business Plänen, die im Marketing nicht zuhause sind.

Ansätze wie Guerilla oder Influencer Marketing und der Einsatz von Social Media sind oft dadurch gekennzeichnet, dass sie entweder ein Riesenerfolg oder ein totaler Flop werden. Viele Entscheider sind deshalb bei einer zu einseitigen Konzentration hierauf skeptisch. Sinnvollerweise werden solche Ideen deshalb im Rahmen eines Business Plans durch klassische Werbemaßnahmen ergänzt.

Merke

Die Kommunikationspolitik umfasst alle Maßnahmen, die das Unternehmen ergreift, um mit den Kunden des Business Case in Kontakt zu kommen. Eine klare Vorstellung der Zielgruppe des Vorhabens ist hierbei unabdingbar. Im Übrigen gilt meist ein Zitat von Henry Ford: "I know at least half of my advertising budget works; I just don't know which half."

Übungsaufgabe 3.14

Suchen Sie sich 3 beliebige Produkte heraus! Überprüfen Sie die Kommunikationsstrategie des Unternehmens in Bezug auf diese Produkte und machen Sie sich Gedanken zur vermutlichen Zielgruppe der Produkte. Passt die Strategie aus Ihrer Sicht zur möglichen Zielgruppe?

Produkt 1:
_____
_____
_____
_____

Produkt 2:
_____
_____
_____
_____

Produkt 3:
_____
_____
_____
_____

uvk-lucius.de/schritt-fuer-schritt

3.3.4 Distributions- und Vertriebsstrategie

Unter Distributions- und Vertriebsstrategie verstehen wir alle Maßnahmen, die dazu dienen, das Produkt oder die Dienstleistung zum Kunden zu bringen. Es geht also zum einen um

- logistische Fragestellungen, etwa wo wird die Dienstleistung angeboten, wo das Produkt hergestellt, gelagert und schließlich verkauft und zum anderen um
- die Frage der Absatzkanäle, also die Frage, wer letztendlich das Produkt verkauft.

Selbstverständlich wird auch für den logistischen Themenkomplex in den meisten Fällen noch eine detaillierte Planung erfolgen, aber bereits im Rahmen des Business Plans muss ein Grobkonzept vorhanden sein. Hier ist insbesondere auf die Konsistenz zur Standortplanung und der Finanzplanung zu achten.

Die Frage der Absatzkanäle ist mit der Kommunikationsstrategie abzustimmen. Allerdings steht nicht unbedingt jeder Absatzkanal für das eigene Vorhaben offen. Die Kosten bzw. Margen für den Verkäufer oder Vermittler sind oft überraschend hoch, auch muss stets beachtet werden, dass der Verkäufer eines Produkts oder der Vermittler einer Dienstleistung am eigenen Profit interessiert ist und nicht am Profit des Herstellers (oder des Erstellers eines Business Plans). Strategien, die mehrere Absatzkanäle vorsehen, müssen auf ihre finanzielle Machbarkeit und auf unerwünschte Kannibalisierungseffekte überprüft werden.

> **Merke**
>
> Die Distributions- und Vertriebsstrategie stellt sicher, dass ein Produkt oder eine Dienstleistung zum Kunden kommt und ein geeigneter Absatzkanal ausgewählt wird.

Übungsaufgabe 3.15

Sie versuchen als Dienstleistungsunternehmen mit 6 Standorten, eine möglichst große Kundenzahl in Deutschland zu erreichen. Als Ziel haben Sie sich gesetzt, den Kunden in maximal zwei Stunden zu erreichen. Welche Standorte würden Sie wählen? Wie viele Kunden könnten Sie dann theoretisch erreichen und welche Flächen würden Sie ungefähr abdecken?

Standort	Anzahl potenzieller Kunden	abgedeckte Fläche

Übungsaufgabe 3.16

Als internationaler Kosmetikkonzern möchten Sie nachfolgende Produkte vertreiben. Welche Absatzkanäle würden Sie wählen?

Produkt	Absatzkanäle
billige Tagescreme	
exklusive Antifaltencreme	
Rasierschaum	
billiges Haarshampoo	
teures Haarshampoo	

3.3.5 Weitere Aspekte

Das Konzept der 7Ps stellt, wie bereits erwähnt, eine Weiterentwicklung des Konzepts der 4Ps dar, welches vor allem im Dienstleistungsbereich Anwendung findet. Im Rahmen von Business Plänen können die 7Ps als Checkliste verwendet werden. Aufgrund des hohen Bekanntheitsgrades beider Ansätze muss damit gerechnet werden, dass hierzu Fragen bzw. Rückfragen gestellt werden. Es ist deshalb vorteilhaft, wen man zumindest erläutern kann, warum ein bestimmter Punkt aus Sicht des Erstellers weniger oder überhaupt nicht relevant ist.

Die **Personalpolitik** (personnel) beschäftigt sich zum einen mit Kapazitätsfragen zum anderen mit Qualifizierungsanforderungen. Beides ist eng verbunden mit der Standortwahl. Es muss geprüft werden, ob qualifiziertes Personal in ausreichender Anzahl verfügbar ist und in wie fern gegebenenfalls Qualifizierungsmaßnahmen möglich oder erforderlich sind. Entsprechende Kosten sind zu ermitteln und im Finanzplan zu berücksichtigen.

Der Themenkomplex **kundenorientierte Geschäftsprozesse** (process management) setzt sich mit der Frage auseinander, welche Maßnahmen ergriffen werden müssen, um den Kontakt zum Kunden zu optimieren, d.h. es geht darum zu ermitteln, wer mit dem Kunden in Kontakt tritt, wann und wie er das tut und welche Unterstützung er dabei benötigt. Die Beschäftigung mit entsprechenden Geschäftsprozessbeschreibungen hilft, vernünftige Kostenabschätzungen vorzunehmen.

Häufig liegt der Schwerpunkt bei Ausstattungsfragen im Rahmen des Business Plans zunächst bei Anforderungen aus der Produktion, d.h. Maschinen, Gebäude etc. Meistens zeichnen sich Business Pläne hier eher durch spartanisches Verhalten und Denken aus. Die **Ausstattungspolitik** (physical facilities) ist wieder stärker vertriebsorientiert und stellt in gewisser Weise eine Sensibilisierung für den Business Plan dar, da im Kundenkontakt häufig zusätzliche Aufwendungen notwendig sind, etwa ansprechende Empfangsräume, gut ausgestattete Besprechungszimmer etc.

> **Merke**
>
> Der Marketing-Mix sowohl in der Version als 4Ps als auch in der Version mit 7Ps kann als Checkliste dienen, um viele relevante Gesichtspunkte eines Business Case zu berücksichtigen. Die Liste muss nicht abschließend sein, sollte aber auch nicht zwanghaft abgearbeitet werden.

Übungsaufgabe 3.17

Ihre Universität bekommt ein neues Gebäude. Diskutieren Sie mit Bekannten, ob folgende Einrichtungen notwendig sind:

Einrichtung	Beurteilung
Lernecken	
separate Lernräume	
Cafeteria	
Terrasse mit Liegestühlen	
Klimaanlage	
...	

Schritt 4: Finanzen

Lernziele

Im Kapitel Finanzen erhalten Sie einen Überblick über die schrittweise Erstellung einer Wirtschaftlichkeitsanalyse. Zunächst wird gezeigt, wie das wirtschaftliche Vorhaben in Form von Geschäftsprojektionen mittels Plan-Bilanz und Plan-GuV dargestellt werden kann. Im zweiten Schritt lernen Sie, aus den modellierten Geschäftsprojektionen Cash Flows abzuleiten. Schließlich erfahren Sie, wie mit Hilfe der Methoden der Investitionsrechnung Cash Flows bewertet werden. Neben dem Erlernen einer schrittweisen Methodik stehen das Erkennen und Steuern modelltypischer Probleme im Vordergrund.

Ziel der finanzwirtschaftlichen Analyse ist die Modellierung der finanziellen Auswirkungen des Business Cases auf das Gesamtunternehmen oder zumindest auf eine Geschäftseinheit, die in diesem Fall wie ein eigenständiges Unternehmen behandelt wird. Folgende Einzelschritte dienen der Bewertung der im Modell gemachten Annahmen:

[1] Zunächst wird die Entwicklung des Unternehmens (bzw. die separierte Unternehmenseinheit) über mehrere Perioden modelliert, indem man Plan-Bilanzen und Plan-GuVs aufstellt. Als relevante Perioden können ganze Jahre oder auch kürzere Zeiteinheiten (Vierteljahre oder Monate) gewählt werden.
[2] Anschließend werden aus den Plan-Bilanzen und Plan-GuVs die relevanten jährlichen oder unterjährigen Zahlungsströme (Cash Flows) abgeleitet. Diese Ableitung erfolgt anhand einfacher Abbildungsvorschriften.
[3] Die Bewertung der in Schritt 2 ermittelten Zahlungsströme erfolgt mittels Anwendung geeigneter Kennzahlen aus der Investitionsrechnung.

Zur Validierung der Ergebnisse stehen verschiedene Ansätze zur Verfügung, die wir hier ebenfalls kurz vorstellen möchten:

- Die Liquiditätssituation insbesondere in den ersten Perioden sollte anhand einer kurzfristigen Liquiditätsplanung geprüft werden.
- Das eigentliche Modell mit seinen verschiedenen Annahmen (d.h. den Inputparametern) kann mit Szenario- und Sensitivitätsanalysen validiert werden.
- Ein grober Test der Ergebnisse kann anhand einer Break-even Analyse durchgeführt werden. Dabei werden Umsätze den fixen und variablen Kosten gegenüber gestellt.

> **Merke**
>
> Der finanzwirtschaftliche Teil eines Business Plans dient der Bewertung der möglichen Profitabilität (Wirtschaftlichkeit) des untersuchten Vorhabens.

4.1 Projektion der Rechnungslegung

Rechnungslegung dient dem Nachweis über die geschäftliche Entwicklung eines Unternehmens in einer vorausgegangenen Periode. Sie stellt ein Informationsmedium für die Stakeholder des Unternehmens dar. Die drei wesentlichen Instrumente der Rechnungslegung sind:

- Bilanz
- Gewinn- und Verlustrechnung
- Kapitalflussrechnung

Die **Bilanz** gibt Auskunft über Mittelherkunft (Passiva) und Mittelverwendung (Aktiva) des Unternehmens zu einem bestimmten **Zeitpunkt**. Da ein Unternehmen nur die Mittel verwenden kann, die sie vorher bekommen hat, gilt die Bilanzgleichung: Mittelverwendung = Mittelherkunft, also Aktiva = Passiva.

Die **Gewinn- und Verlustrechnung** (GuV) ermittelt den Gewinn eines Unternehmens für den abgelaufenen Rechnungslegungs**zeitraum**. Es handelt sich also um eine Periodenbetrachtung. Die Orientierung erfolgt an den Größen Ertrag und Aufwand und mündet in die Gleichung: Gewinn (bzw. Verlust) = Erträge - Aufwendungen.

Im Gegensatz zur GuV betrachtet die **Kapitalflussrechnung** (Cash Flow Statement) die Größen Einzahlung und Auszahlung und orientiert sich somit nur an den zahlungswirksamen Geschäftsvorfällen. Das Ergebnis der Kapitalflussrechnung gibt somit die Veränderung der liquiden Mittel während der vergangenen Periode an: ΔLiquide Mittel = Einzahlungen - Auszahlungen.

Die Strukturen von Bilanz, Gewinn- und Verlustrechnung und Kapitalflussrechnung sind durch Rechnungslegungsvorschriften vorgegeben und dienen der Klassifizierung einzelner Größen und damit der besseren Nachvollziehbarkeit für den Leser (Stakeholder).

Im Übrigen unterstellen wir an dieser Stelle, dass der Leser mit der Grundfunktionalität der Rechnungslegung vertraut ist. Ist dies nicht der Fall, möchten wir auf weiterführende Literatur verweisen.

Im Rahmen von Business Plänen wird die Rechnungslegung verwendet, um die zukünftige Entwicklung eines Unternehmens (oder einer Geschäftseinheit) zu modellieren. Die Erstellung von zukünftigen Bilanzen und GuVs stellt meist den Startpunkt einer Analyse dar. Zwar ist es in Einzelfällen auch möglich, Cash Flows (Zahlungsströme) direkt abzuleiten, doch dienen gerade bei größeren Projekten die Informationen aus dem Rechnungswesen auch dazu, wirtschaftliche Kennzahlen zu überprüfen.

> **Merke**
>
> Projizierte Rechnungslegung stellt eine Modellierung zukünftiger Entwicklungen eines Unternehmens unter bestimmten **Annahmen** (Inputparametern) dar. Die Ergebnisse des Modells hängen stets von diesen Inputparametern ab. Stellen sich die gemachten Annahmen als falsch heraus, kann dies durch ein Modell nicht korrigiert werden.
>
> Es gilt: **Garbage In – Garbage Out** (GIGO)
>
> Die Güte der Prognose ergibt sich also aus der Qualität der Inputdaten des Modells.

4.1.1 Plan-Bilanzen und Plan-GuVs

Zunächst wollen wir die Grundstrukturen von **Bilanz und GuV für einen Business Plan** näher betrachten. Der Detailierungsgrad kann im Einzelfall erhöht werden.

Bilanz zum ...	
Aktiva	**Passiva**
Anlagevermögen (AV)	**Eigenkapital (EK)**
➢ Grundstücke	➢ eingezahltes Kapital
➢ Gebäude, Maschinen	➢ Rücklagen
Umlaufvermögen (UV)	**Fremdkapital (FK)**
➢ Vorräte	➢ kurzfristiges Fremdkapital
➢ Forderungen	○ *Verbindlichkeiten aus Lieferung und Leistung (LuL)*
➢ liquide Mittel (LM)	○ *kurzfristige Bankkredite*
	➢ langfristiges Fremdkapital
Bilanzsumme	Bilanzsumme

Abb.4.1: Aufbau der Bilanz

Wie aus Abbildung 4.1 ersichtlich gliedert sich die **Bilanz** in eine Aktiv- und Passivseite. Die Passivseite beschreibt die Größen der Mittelherkunft und beantwortet die Frage, von wem das Geld stammt, das investiert wird. Grob unterscheidet man zunächst zwischen Eigen- und Fremdkapitalgeber. Beim Eigenkapitalgeber kann es sich um eingezahltes Kapital handeln oder um Rücklagen, die von den Gewinnen der Vergangenheit einbehalten wurden. Eine tiefergehende Unterteilung ist aus wirtschaftlicher Sicht oft nicht notwendig und hat primär haftungsrechtliche Gründe. Beim Fremdkapital ist es zweckmäßig, zwischen langfristig und kurzfristig zur Verfügung gestelltem Kapital zu unterscheiden. Unter kurzfristig verstehen wir hierbei eine Laufzeit unter einem Jahr. Kurzfristiges Fremdkapital wird entweder in Form von Lieferantenkrediten gewährt oder als kurzfristiger Kredit durch ein Finanzinstitut (Bank). Die Unterscheidung ist dadurch motiviert, dass Bankkredite i.d.R. durch einen expliziten Kreditzins charakterisiert sind, während bei gewährten Zahlungszielen durch Lieferanten eher eine implizite Verzinsung über die Nicht-Gewährung von Skonto erfolgt.

Auf der Aktivseite sehen wir zunächst das langfristig gebundene Kapital in Form von Anlagevermögen. Anlagevermögen bis auf Grundstücke ist dadurch gekennzeichnet, dass es abgeschrieben wird. Das Umlaufvermögen kennt drei wichtige Kategorien: die Vorräte, die Forderungen und die liquiden Mittel. Vorräte subsumieren zum Verkauf stehende Waren, unfertige Erzeugnisse und Material. Forderungen bezeichnen Kredite, die an Kunden gegeben werden, also eingeräumte Zahlungsziele und liquide Mittel subsumieren alle Barreserven, Kassenbestände und sonstigen kurzfristigen Geldanlagen.

Gewinn- und Verlustrechnung für den Zeitraum ...	
Umsatzkostenverfahren	**Gesamtkostenverfahren**
Umsätze	Umsätze
./. Herstellungskosten der zur Erzielung der Umsatzerlöse erbrachten Leistungen	+/- Erhöhung oder Verminderung des Bestands an fertigen und unfertigen Erzeugnissen
./. Aufwendungen für Forschung und Entwicklung (F&E)	./. Aufwendungen für Material
./. Aufwendungen für Vertrieb und Marketing	./. Aufwendungen für Personal
./. Aufwendungen für Verwaltung	./. Aufwendungen für Abschreibung
= **operativer Gewinn (EBIT)**	= **operativer Gewinn (EBIT)**
+ Erträge aus Finanzierungstätigkeit	+ Erträge aus Finanzierungstätigkeit
./. Aufwände aus Finanzierungstätigkeit	./. Aufwände aus Finanzierungstätigkeit
= **zu versteuernder Gewinn**	= **zu versteuernder Gewinn**
./. Steuern	./. Steuern
Gewinn / Verlust	Gewinn / Verlust
- Gewinnausschüttung (Dividenden)	- Gewinnausschüttung (Dividenden)
Gewinnrücklagen	Gewinnrücklagen

Abb.4.2: Aufbau der Gewinn- und Verlustrechnung

Die beiden Varianten der **Gewinn- und Verlustrechnung** unterscheiden sich in Bezug auf die Darstellung (Kategorisierung) der operativen Aufwendungen (Kosten). Das **Umsatzkostenverfahren** orientiert sich am Herstellungsprozess. Es wird unterschieden zwischen Kosten, die bei Forschung und Entwicklung, bei der Produktion, beim Vertrieb und bei der Verwaltung entstanden sind. Im Falle des **Gesamtkostenverfahren**s werden die operativen Aufwendungen (Kosten) gemäß der Kostenarten eingeteilt in Kosten durch das Anlagevermögen (dargestellt durch Abschreibungen, d.h. also den über mehrere Jahre verteilten Kosten für Gebäude und Maschinen), Personal- und Materialkosten. Beide Verfahren führen zum selben Ergebnis, dem operativen Gewinn. Wir verwenden hier nachfolgend die Bezeichnung EBIT (Earnings before Interest and Taxes), also den Gewinn vor Zinsen und Steuern.

Im Anschluss werden Erträge und Aufwendungen aus der Finanzierungstätigkeit berücksichtigt. I.d.R. liegen hier bei Business Plänen nur Aufwendungen für Zinszahlungen vor. Anschließend werden die Steueraufwendungen abgezogen und man erhält den Periodengewinn oder –verlust. Im Falle eines Gewinns kann dieser entweder ganz oder teilweise ausgeschüttet werden oder einbehalten (thesauriert) werden. Der thesaurierte Gewinn wird dann in der Bilanzgröße Rücklagen **akkumuliert**.

Übergang zu Plan-Bilanzen und Plan-GuVs durch Projektion der Geschäftsentwicklung

Meistens erfolgt die Projektion zunächst über die Abschätzung möglicher Umsätze. Hier besteht eine enge Verknüpfung mit dem Marketing, das über Marktrecherchen entsprechende Zahlen vorgeben sollte (vgl. Kapitel 3.1). Anhand der geschätzten Umsätze lassen sich dann die meisten weiteren Größen der GuV und der Bilanz direkt abschätzen.

Zunächst sind für die GuV die operativen Kosten zu ermitteln. Operative Material- und Personalkosten ergeben sich direkt aus der Anzahl der verkauften Produkte. Anhand der Größenordnung der Umsätze ergeben sich zudem die notwendigen Investitionen für das Anlagevermögen, die wiederum die Höhe der Abschreibung bestimmen lassen.

Für die Bilanz ergibt sich: Werden Maschinen und Fabriken benötigt, so können auch Grundstücke erworben werden. Darüber hinaus ist zu bestimmen, inwieweit für die Produktion Lagerbestände benötigt werden, hier kommen beispielsweise Kennzahlen wie die Lagerumschlagshäufigkeit oder die Lagerdauer zum Zuge (vgl. Kapitel 4.7 Exkurs). Die nächste wesentliche bilanzielle Größe sind Forderungen. Auch diese lassen sich näherungsweise abschätzen und zwar anhand der durchschnittlichen gewährten Kreditdauer. Die dritte wesentliche Größe sind nun operative Liquiditätsanforderungen, also im Wesentlichen der Kassenbestand. Es gilt zu berücksichtigen, dass liquide Mittel benötigt werden, um beispielsweise Personal, Zinsen, Steuern und ähnliches bedienen zu können. Meist wird hierzu für das erste Jahr der Projektion zusätzlich eine **Liquiditätsplanung** (vgl. Kapitel 4.5) erstellt.

Somit wurden alle wesentlichen Größen der Aktivseite modelliert (Anlagevermögen mit Land, Gebäuden, Maschinen, und Umlaufvermögen mit Vorräten, Forderungen und Kasse), weitere Aktivposten sind natürlich möglich, müssen sich aber auf das operative Geschäft, sprich den konkret modellierten Business Case (Projekt), beziehen. Im Sinne der Bilanzgleichung (Aktiva = Passiva) muss bei der Modellierung nun für die entsprechenden Finanzierungsquellen gesorgt werden. Hier ist auf eine gesunde Mischung aus Eigen- und Fremdkapital zu achten. Neben den bereits erwähnten Kriterien (vgl. Kapitel 1.1.2) wird man sich dabei typischerweise an Kennzahlen wie der Eigenkapitalquote, der goldenen Bilanzregel und den Liquiditätsgraden orientieren (vgl. wiederum Kapitel 4.7 Exkurs).

Aus den Fremdkapitalien ergeben sich die jährlich zu leistenden Zinszahlungen und eventuelle Rückzahlungsmodalitäten, die wiederum in die GuV bzw. die

Bilanz eingehen. Anhand der gewünschten Dividendenpolitik sind ferner die Dividendenzahlungen zu modellieren.

Die Rechnungslegungsvorschriften bestimmen die Struktur von Plan-Bilanz und Plan-GuV und man wird weitestgehend auf diese zurückgreifen, allerdings sind Abweichungen zulässig und manchmal zum besseren Verständnis sinnvoll. So erfolgt die Darstellung der Bilanz meistens in Form von Tabellen, da man mehrere Jahre übersichtlich darstellen möchte, und nicht in Bilanzform.

Beim Modellieren ergeben sich je nach Vorgehensweise freie Variablen in der Bilanz. Entweder bestehen Finanzierungsengpässe und es muss weiteres Kapital aufgenommen werden oder es ergeben sich Liquiditätsüberhänge, die im Kassenkonto stehen. In diesem Zusammenhang sollten stets mit besonderer Sorgfalt die Größen **Liquide Mittel** und **Eigenkapital** betrachtet werden. Beide sollten niemals negativ sein.

Folgende grundsätzliche Hinweise möchten wir an dieser Stelle für das Modellieren noch geben:

[1] Der heutige Zeitpunkt wird hier als Jahr 01 bezeichnet, andere Bezeichnungen (Angaben) sind selbstverständlich zulässig. Wesentlich ist die klare zeitliche Abgrenzung.

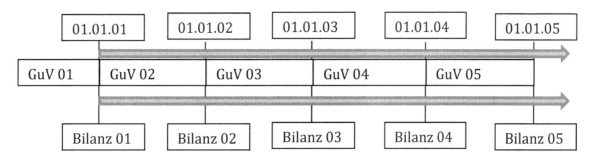

Abb.4.3: Zeitablauf und Zuordnung der Plan-Bilanzen und Plan-GuVs

[2] Die GuV 01 berichtet gemäß Abb.4.3 somit über die Periode vor der Bilanz 01, also einem Zeitraum vor heute. Wir wählen deshalb in der Regel die GuV 01 als nicht relevant und setzen sie gleich 0.
[3] Jede Ein- und Auszahlung wird im Endeffekt implizit einem der Zeitpunkte auf dieser Zeitachse zugeordnet.
[4] Abschreibungen weisen wir in der Regel separat aus (auch bei Anwendung des Umsatzkostenverfahrens), da dies die Modellierung der Cash Flows später erleichtert.
[5] Am Ende des Projektionszeitraums ist ein sogenannter Terminal Value zu bestimmen. Unter Terminal Value versteht man den (Rest-)Wert des Projekts oder der Unternehmung zum Ende der Projektion (s. dazu auch Kapitel 4.7 Exkurs).

Beispiel

Für einen Business Case wurden folgende Plan-Bilanzen und Plan-GuVs erstellt:

Bilanz	Jahr 01	Jahr 02	Jahr 03	Jahr 04	Jahr 05
Anlagevermögen	2.500	2.200	2.000	1.000	0
Vorräte	200	200	300	200	0
Forderungen	0	0	100	100	0
liquide Mittel	300	0	100	1.400	0
Summe Umlaufvermögen	500	200	500	1.700	0
Summe Aktiva	**3.000**	**2.400**	**2.500**	**2.700**	**0**
eingezahltes EK	1.000	1.000	1.000	1.000	0
Rücklagen		- 200	- 100	100	0
lfr. Verbindlichkeiten	2.000	1.000	1.000	1.000	0
kfr. Verbindlichkeiten	0	600	600	600	0
Summe Passiva	**3.000**	**2.400**	**2.500**	**2.700**	**0**

GuV	Jahr 01	Jahr 02	Jahr 03	Jahr 04	Jahr 05
Umsatz	0	1.300	1.900	2.500	3.000
./. Kosten	0	- 800	- 1.000	- 1.100	- 1.200
./. Abschreibung	0	- 500	- 500	- 500	- 500
= EBIT	0	0	+ 400	+ 900	+ 1.300
./. Zinsen	0	- 200	- 100	- 100	- 100
= Gewinn vor Steuern	0	- 200	+ 300	+ 800	+ 1.200
./. Steuern (50%)	0	0	- 150	- 400	- 600
= Gewinn	0	- 200	+ 150	+ 400	+ 600
davon einbehalten	0	- 200	+ 100	+ 200	0
davon Dividende	0	0	+ 50	+ 200	+ 600

Folgende Aspekte können wir exemplarisch aus diesen Informationen herauslesen:

[1] Die Veränderung im Anlagevermögen entspricht nicht der ausgewiesenen Abschreibung im jeweiligen Jahr. Damit kam es offensichtlich zu zusätzlichen Käufen oder Verkäufen während der Projektionszeit.

[2] Die Veränderung der liquiden Mittel entspricht nicht dem Gewinn oder Verlust der jeweiligen Periode.
[3] Das Rücklagen-Konto akkumuliert die einbehaltenen Gewinne und Verluste.
[4] Zinszahlungen ergeben sich hier offensichtlich aus 10% des langfristigen Fremdkapitals, wobei eine Rückzahlung von 1.000 zum Ende des ersten Jahres (Übergang Jahr 01 auf Jahr 02) erfolgte.
[5] Ein Verlustvortrag (hier von Jahr 02 auf Jahr 03) wurde aus Vereinfachungsgründen nicht berücksichtigt.
[6] Gewinne wurden in Jahr 03 teilweise ausgeschüttet, obwohl noch ein Verlustvortrag bestand.
[7] Die Bilanz im letzten Jahr haben wir auf 0 gesetzt. Dies ist eine sehr einfache Technik, um den Terminal Value des Vorhabens zu bestimmen. Man kann diesen als Verkaufspreis in Höhe der Buchwerte interpretieren.

> **Merke**
>
> Plan-Bilanz und Plan-GuV basieren auf der Modellierung zukünftiger Geschäftsentwicklungen. Sie sind miteinander über die Gewinnrücklagen verbunden.

Übungsaufgabe 4.1

Gegeben ist folgende Gewinn- und Verlustrechnung eines Unternehmens. Modellieren Sie die fehlenden Positionen in der Bilanz. Welche Annahmen haben Sie getroffen?

GuV	Jahr 01	Jahr 02	Jahr 03	Jahr 04	Jahr 05
Umsatz	0	14.000	19.000	22.000	22.000
./. Kosten	0	- 9.000	- 13.000	- 15.000	- 15.000
./. Abschreibung	0	- 4.000	- 4.000	- 4.000	- 4.000
= EBIT	0	1.000	2.000	3.000	3.000
./. Zinsen	0	-1.000	- 1.000	-1.000	-1.000
= Gewinn vor Steuern	0	0	1.000	2.000	2.000
./. Steuern (50%)	0	0	500	- 1.000	- 1.000
= Gewinn	0	0	500	1.000	1.000
davon einbehalten	0	0	500	1.000	500
davon Dividende	0	0	0	0	500

Bilanz	Jahr 01	Jahr 02	Jahr 03	Jahr 04	Jahr 05
Anlagevermögen	20.000				
Vorräte	4.000				
Forderungen	0				
liquide Mittel	2.000				
Summe Umlaufvermögen	6.000				
Summe Aktiva	**26.000**				
eingezahltes EK	10.000				
Rücklagen					
lfr. Verbindlichkeiten	13.000				
kfr. Verbindlichkeiten	3.000				
Summe Passiva	**26.000**				

4.1.2 Plan-Kapitalflussrechnung

Die Kapitalflussrechnung (oder Cash Flow Statement) gibt Auskunft über die Ein- und Auszahlungen eines Unternehmens während einer Rechnungslegungsperiode. Damit ergänzt sie die Informationen aus der Gewinn- und Verlustrechnung, die sich auf Erträge und Aufwendungen beziehen und damit nicht notwendigerweise zahlungswirksam sind.

Die Kapitalflussrechnung gliedert sich in drei Teile:

- der Cash Flow aus laufender Geschäftstätigkeit
- der Cash Flow aus Investitionstätigkeit
- der Cash Flow aus Finanzierungstätigkeit

Die Summe der drei Positionen beschreibt die Gesamtveränderung der liquiden Mittel während der vergangenen Bilanzperiode. Die Kapitalflussrechnung ist somit nichts anderes als eine Kategorisierung aller Ein- und Auszahlungen.

Der Cash Flow aus laufender Geschäftstätigkeit lässt sich folgendermaßen berechnen:

Cash Flow aus lfd. Geschäftstätigkeit = GuV-Gewinn
+ Rückstellungen
+ Abschreibungen
- Zunahme Umlaufvermögen ohne Liquide Mittel
+ Zunahme kurzfristige Verb. aus LuL

Der **Cash Flow aus laufender Geschäftstätigkeit** dient der Beurteilung des eigentlichen Kerngeschäfts und drückt vereinfacht aus, ob die damit verbundenen Einzahlungen die Auszahlungen übersteigen. Sollte dies nicht der Fall sein, der Cash Flow aus laufender Geschäftstätigkeit also negativ sein, so müssen Maßnahmen ergriffen werden, um diese Situation zu beenden. Solche Maßnahmen könnten sein: Preise erhöhen, Zahlungsziele verkürzen etc.

Der Cash Flow aus Investitionstätigkeit ergibt sich aus:

Cash Flow aus Investitionstätigkeit =   Abgänge Anlagevermögen
                                                  - Zunahme Anlagevermögen

Der **Cash Flow aus Investitionstätigkeit** gibt an, welche Mittel in das Anlagevermögen des Unternehmens geflossen sind. Die Höhe ist ein Indikator dafür, wie stark Kapital im Unternehmen gebunden ist. Andererseits darf eine gewisse Wertbeständigkeit beim Anlagevermögen unterstellt werden.

Schließlich betrachten wir den Cash Flow aus Finanzierungstätigkeit

Cash Flow aus Finanzierungstätigkeit = Zunahme Eigenkapital
                                                     - Dividenden
                                                     + Zunahme langfristiges Fremdkapital
                                                       + Zunahme kurzfristige Finanzkredite

Der **Cash Flow aus Finanzierungstätigkeit** gibt an, wie viele liquide Mittel aus der Finanzierung in das Unternehmen geflossen sind und welche Mittel aufgewendet wurden, um Dividendenzahlungen und Rückzahlungen von Eigen- und Fremdkapital vorzunehmen.

Man beachte an dieser Stelle, dass durch obige Definitionen der Cash Flows **Zinszahlungen** dem Cash Flow aus laufender Geschäftstätigkeit zugeordnet werden und nicht dem Cash Flow aus Finanzierungstätigkeit.

Im Rahmen eines Business Plans ist die explizite Bestimmung bzw. Berechnung der Plan-Kapitalflussrechnung nicht immer notwendig. Sie kann aber zur Verifizierung des Modells und der Berechnung der Plan-Bilanzen und Plan-GuVs verwendet werden. Der Vollständigkeit halber sei darauf hingewiesen, dass es aufgrund unterschiedlicher Rechnungslegungsvorschriften alternative Definitionen der obigen Positionen gibt.

Beispiel

Wir verwenden das Beispiel aus Kapitel 4.1.1 und leiten hieraus die Kapitalflussrechnung ab.

Schritt 4: Finanzen

Kapitalflussrechnung	Jahr 01	Jahr 02	Jahr 03	Jahr 04	Jahr 05
GuV-Gewinn	0	- 200	+ 150	+ 400	+ 600
+ Abschreibungen	0	+ 500	+ 500	+ 500	+ 500
./. Zunahme UV ohne LM	- 200	0	- 200	+ 100	+ 300
+ Zunahme kfr. Verb. LuL	0	+ 600	+ 0	+ 0	- 600
(1) Cash Flow aus lfd. Geschäftstätigkeit	**- 200**	**+ 900**	**+ 450**	**+ 1.000**	**+ 800**
(2) Cash Flow aus Investitionstätigkeit	**- 2.500**	**- 200**	**- 300**	**+ 500**	**+ 500**
Zunahme EK	+ 1.000	+ 0	+ 0	+ 0	- 1.100
-Dividenden	- 0	- 0	- 50	- 200	- 600
+Zunahme lfr. FK	+ 2.000	- 1.000	+ 0	+ 0	- 1.000
+Zunahme kfr. FK (Bank)	+ 0	+ 0	+ 0	+ 0	+ 0
(3) Cash Flow aus Finanzierung	**+ 3.000**	**- 1.000**	**- 50**	**- 200**	**- 2.700**
Gesamt Cash Flow Summe (1)+(2)+(3)	**+ 300**	**- 300**	**+ 100**	**+ 1.300**	**- 1.400**

Der Bestand an liquiden Mitteln in der Bilanz ergibt sich dann folgendermaßen:

	Jahr 01	Jahr 02	Jahr 03	Jahr 04	Jahr 05
Liquide Mittel Vorjahr	0	+ 300	+ 0	+ 100	+ 1.400
+ Gesamt Cash Flow aus der Kapitalflussrechnung	+ 300	- 300	+ 100	+ 1.300	- 1.400
Liquide Mittel	**+ 300**	**+ 0**	**+ 100**	**+ 1.400**	**+ 0**

> **Merke**
>
> Das Ergebnis der Kapitalflussrechnung entspricht der Veränderung der liquiden Mittel während der abgelaufenen Rechnungslegungsperiode.

Übungsaufgabe 4.2

Gegeben seien folgende Projektionen der Bilanz und der Gewinn- und Verlustrechnung eines Unternehmens. Bestimmen Sie hieraus die Kapitalflussrechnung.

GuV	Jahr 01	Jahr 02	Jahr 03	Jahr 04	Jahr 05
Umsatz	0	14.000	19.000	22.000	22.000
./. Kosten	0	- 9.000	- 13.000	- 15.000	- 15.000
./. Abschreibung	0	- 4.000	- 4.000	- 4.000	- 4.000
= **EBIT**	0	1.000	2.000	3.000	3.000
./. Zinsen	0	-1.000	- 1.000	-1.000	-1.000
= **Gewinn vor Steuern**	0	0	1.000	2.000	2.000
./. Steuern (50%)	0	0	500	- 1.000	- 1.000
= **Gewinn**	0	0	500	1.000	1.000
davon einbehalten	0	0	500	1.000	500
davon Dividende	0	0	0	0	500

Bilanz	Jahr 01	Jahr 02	Jahr 03	Jahr 04	Jahr 05
Anlagevermögen	20.000	16.000	12.000	8.000	4.000
Vorräte	4.000	5.000	6.000	7.000	7.000
Forderungen	0	1.000	1.500	2.000	2.000
Liquide Mittel operativ	2.000	2.000	2.000	2.000	2.000
Liquide Mittel	0	2.000	5.000	8.500	13.000
Summe Umlaufvermögen	6.000	10.000	14.500	19.500	24.000
Summe Aktiva	**26.000**	**26.000**	**26.500**	**27.500**	**28.000**
Eingezahltes EK	10.000	10.000	10.000	10.000	10.000
Rücklagen		0	500	1.500	2.000
lfr. Verbindlichkeiten	13.000	13.000	13.000	13.000	13.000
kfr. Verb. LuL	1.000	1.500	2.000	2.000	2.000
kfr. Finanzkredit	2.000	1.500	1.000	1.000	1.000
Summe Passiva	**26.000**	**26.000**	**26.500**	**27.500**	**28.000**

Kapitalflussrechnung	Jahr 01	Jahr 02	Jahr 03	Jahr 04	Jahr 05
GuV-Gewinn + Abschreibungen ./. Zunahme UV ohne LM + Zunahme kfr. Verb. LuL **(1) Cash Flow aus lfd. Geschäftstätigkeit**					
(2) Cash Flow aus Investitionstätigkeit					
Zunahme EK - Dividenden + Zunahme lfr. FK + Zunahme kfr. FK (Bank) **(3) Cash Flow aus Finanzierung**					
Gesamt Cash Flow Summe (1) + (2) + (3)					

4.2 Cash Flow Ermittlung

Nun sollen aus den gegebenen Planrechnungen projektrelevante Cash Flows bestimmt werden. Es handelt sich hierbei nicht um eine Kapitalflussrechnung, vielmehr soll ermittelt werden, wie viel in ein Projekt eingezahlt und wie viel in den Folgejahren zurückgezahlt wird, falls sich das Unternehmen und damit auch das Projekt so entwickeln, wie es in den Planrechnungen modelliert wurde.

> **Merke**
>
> Es existieren sehr viele **Cash Flow Definitionen**, sodass stets auf die genaue Definition zu achten ist. Insbesondere sind die Cash Flows der Kapitalflussrechnung, die Bestandteil der Rechnungslegung ist, von den folgenden Definitionen genau zu unterscheiden.

Es ist von Bedeutung, dass grundsätzlich verschiedene Perspektiven relevant sind, deren Cash Flows nicht notwendigerweise gleich sein müssen:

- Die Sicht des Unternehmens (des Projekts) und

- die Sicht der Kapitalgeber (Eigen- und Fremdkapital).

Wir orientieren uns dabei an zwei Ansätzen:

- Der Cash Flow Identität und
- den sogenannten Free Cash Flows.

Der Ansatz der Cash Flow Identität führt in bestimmten Fällen zu Effekten, die die Interpretation erschweren. Aus diesem Grund hat sich in der Praxis der Ansatz der Free Cash Flows durchgesetzt (vgl. hierzu insbesondere Kapitel 4.7 Exkurs).

Merke
Die **Ableitung von Cash Flows** aus gegebenen Plan-Bilanzen und Plan-GuVs kann auf verschiedene Art und Weise erfolgen. Bei der daran **anschließenden Bewertung** ist auf eine adäquate Interpretation zu achten.

4.2.1 Cash Flow Identity

Wir wählen zunächst den Ansatz über die Cash Flow Identität. Die Cash Flow Identität ergibt sich aus der Bilanzgleichung, die besagt, dass der Wert der Aktiva immer dem Wert der Passiva entspricht. Daraus ergibt sich, dass jede Investition in Aktiva durch einen entsprechenden Kapitalfluss auf der Passivseite gedeckt sein muss. Es gilt also:

Cash Flow nach Aktiva = Cash Flow von Fremdkapital + Cash Flow von Eigenkapital

und entsprechend

Cash Flow von Aktiva = Cash Flow nach Fremdkapital + Cash Flow nach Eigenkapital

wobei sich die einzelnen Cash Flows folgendermaßen bestimmen lassen:

1. **Cash Flow von Aktiva** =   Operativer Cash Flow
    - Investitionen in Anlagevermögen
    - Zunahme Working Capital

mit:

Operativer Cash Flow = EBIT + Rückstellungen + Abschreibung − Steuern
   = Gewinn + Rückstellungen + Abschreibung + Zinsen

Investition in Anlagevermögen = Endbestand AV − Anfangsbestand AV + Abschreibung

Zunahme Working Capital = Endbestand Working Capital (Umlaufvermögen - kurzfristige Verbindlichkeiten) - Anfangsbestand Working Capital

2. Cash Flow nach Fremdkapital = Zinszahlung - Neuverschuldung

3. Cash Flow nach Eigenkapital = Ausschüttung (Dividenden) - Kapitalerhöhung

Folgende Überlegung mag die Definitionen erläutern. Ein erzielter positiver operativer Cash Flow (Zahlungsüberschuss) kann entweder reinvestiert werden (zum Kauf von Anlage- oder Umlaufvermögen) oder an die Fremd- oder Eigenkapitalgeber zurückfließen. Für das Umlaufvermögen wird hier das sogenannte Working Capital verwendet. Beim Working Capital berücksichtigt man, dass der eigentliche Kapitalbedarf (für das Umlaufvermögen) durch kurzfristige Finanzierungen reduziert wird. Da die liquiden Mittel hier Teil des Umlaufvermögens sind, stellen liquide Mittel bei dieser Betrachtung eine Form von Investition dar.

Beispiel

Wir greifen wieder das Beispiel aus Kapitel 4.1.1 auf. Es ergibt sich folgende Cash Flow Identität:

Cash Flow von Aktiva	Jahr 01	Jahr 02	Jahr 03	Jahr 04	Jahr 05
EBIT	*0*	*0*	*+ 400*	*+ 900*	*+ 1.300*
+ Abschreibung	*0*	*+ 500*	*+ 500*	*+ 500*	*+ 500*
- Steuern	*0*	*0*	*- 150*	*- 400*	*- 600*
+ Operativer Cash Flow	+ 0	+ 500	+ 750	+ 1.000	+ 1.200
- Investition AV	- 2.500	- 200	- 300	+ 500	+ 500
- Zunahme Working Capital	- 500	+ 900	- 300	- 1.200	+ 1.100
Cash Flow	**- 3.000**	**+ 1.200**	**+ 150**	**+ 300**	**+ 2.800**

Cash Flow nach FK	Jahr 01	Jahr 02	Jahr 03	Jahr 04	Jahr 05
- Zunahme lfr. FK	- 2.000	+ 1.000	+ 0	+ 0	+ 1.000
+ Zinszahlungen	+ 0	+ 200	+ 100	+ 100	+ 100
Cash Flow	**- 2.000**	**+ 1.200**	**+ 100**	**+ 100**	**+ 1.100**

Cash Flow nach EK	Jahr 01	Jahr 02	Jahr 03	Jahr 04	Jahr 05
- Zunahme EK	- 1.000	+ 0	+ 0	+ 0	+ 1.100
+ Dividenden		+ 0	+ 50	+ 200	+ 600
Cash Flow	**- 1.000**	**+ 0**	**+ 50**	**+ 200**	**+ 1.700**

Die Cash Flow Identität ist demnach in jedem Jahr gegeben.

Merke

Die Gleichung der **Cash Flow Identität** muss für jedes Jahr aufgehen. Damit stellt die Cash Flow Identität ein hervorragendes Werkzeug dar, um das eigene Modell zu überprüfen und gegebenenfalls Fehler bei den Berechnungen aufzudecken.

Übungsaufgabe 4.3

Verwenden Sie die Projektionen der Bilanz und der Gewinn- und Verlustrechnung aus der Übungsaufgabe 4.2. Bestimmen Sie hieraus die Cash Flow Identität.

Cash Flow von Aktiva	Jahr 01	Jahr 02	Jahr 03	Jahr 04	Jahr 05
EBIT					
+ Abschreibung					
- Steuern					
= Operativer Cash Flow					
- Investition AV					
- Zunahme Working C.					
Cash Flow					

Cash Flow nach FK	Jahr 01	Jahr 02	Jahr 03	Jahr 04	Jahr 05
- Zunahme lfr. FK					
+ Zinszahlungen					
Cash Flow					

Cash Flow nach EK	Jahr 01	Jahr 02	Jahr 03	Jahr 04	Jahr 05
- Zunahme EK + Dividenden					
Cash Flow					

4.2.2 Free Cash Flow

Der freie Cash Flow (oder Free Cash Flow) ermittelt den durch das Projekt generierten Zahlungsstrom, der entweder für weitere Investitionen oder für Rückzahlungen an die Eigen- und Fremdkapitalgeber zur Verfügung steht. Dies stellt den eigentlichen Unterschied zum Konzept der Cash Flow Identität dar. Die Cash Flow Identität berücksichtigt nur tatsächliche Rückflüsse an die Kapitalgeber als relevant für die Cash Flows.

Der Ansatz der Free Cash Flows ergibt sich, indem man eine alternative Definition des Working Capitals verwendet:

Aus

Working Capital (Definition 1)

= Umlaufvermögen - kurzfristiges Fremdkapital

wird dann:

Working Capital (Definition 2)

= Umlaufvermögen ohne nicht-operative liquide Mittel

- kurzfristiges Fremdkapital ohne kurzfristige Bankdarlehen

= Vorräte + Forderungen + operative liquide Mittel

- Verbindlichkeiten gegenüber Lieferanten

Damit ergibt sich folgende Berechnung des projektbezogenen Cash Flows, dem sogenannten

Operating Free Cash Flow (to Firm). Er entspricht dem Cash Flow von Aktiva.

Free Cash Flow to Firm = Operativer Cash Flow
- Investition Anlagevermögen
- Zunahme Working Capital

wobei:

Operativer Cash Flow = EBIT + Rückstellungen + Abschreibungen - Steuern

Investition in Anlagevermögen = Endbestand AV - Anfangsbestand AV + Abschreibung
Zunahme Working Capital = Endbestand Working Capital - Anfangsbestand Working Capital
(mit Working Capital gemäß **Definition 2**)

Alternativ lässt sich dieser Free Cash Flow auch aus der Kapitalflussrechnung bestimmen:

Free Cash Flow to Firm = Cash Flow aus laufender Geschäftstätigkeit
- Investition Anlagevermögen
+ Zinsen

wobei:
Cash Flow aus laufender Geschäftstätigkeit (*aus der Kapitalflussrechnung*)
= Gewinn + Rückstellungen + Abschreibungen - Zunahme Umlaufvermögen (ohne liquide Mittel) + Zunahme kurzfristige Verbindlichkeiten aus LuL

Der Cash Flow nach Eigenkapital (aus der Cash Flow Identität) wird dann zum **Free Cash Flow to Equity:**

Free Cash Flow to Equity = EBIT
+ Abschreibungen
+ Rückstellungen
+ Zunahme lfr. FK
- Zinszahlungen
- Steuern
- Investition in Anlagevermögen
- Zunahme Working Capital

= **Free Cash Flow** to Firm
+ Zunahme lfr. FK
- Zinszahlungen

wobei:
Investition in Anlagevermögen = Endbestand AV - Anfangsbestand AV + Abschreibung
Zunahme Working Capital = Endbestand Working Capital - Anfangsbestand Working Capital (mit Working Capital gemäß **Definition 2**)

Beispiel

Wir greifen auch hier das Beispiel aus Kapitel 4.1.1 auf und berechnen die Free Cash Flows unter Berücksichtigung der veränderten Working Capital Definition. Hierzu unterstellen wir aus Vereinfachungsgründen, dass die liquiden Mittel komplett nicht-operativer Natur sind und die kurzfristigen Verbindlichkeiten nur aus Verbindlichkeiten gegenüber Lieferanten bestehen:

Wir bestimmen zunächst das Working Capital für jedes Jahr und ermitteln so dessen jährliche Veränderung:

Working Capital Def.2	Jahr 01	Jahr 02	Jahr 03	Jahr 04	Jahr 05
Umlaufvermögen ohne LM	200	200	400	300	0
- kfr. Verbindlichkeiten	- 0	- 600	- 600	- 600	- 0
= Working Capital	+ 200	- 400	- 200	- 300	+ 0
Differenz zum Vorjahr	+ 200	- 600	+ 200	- 100	+ 300

Damit ergeben sich folgende Free Cash Flows:

Free Cash Flow To Firm	Jahr 01	Jahr 02	Jahr 03	Jahr 04	Jahr 05
EBIT	*0*	*0*	*+ 400*	*+ 900*	*+ 1.300*
+ Abschreibung	*0*	*+ 500*	*+ 500*	*+ 500*	*+ 500*
- Steuern	*0*	*0*	*- 150*	*- 400*	*- 600*
+ Operativer Cash Flow	+ 0	+ 500	+ 750	+ 1.000	+ 1.200
- Investition AV	- 2.500	- 200	- 300	+ 500	+ 500
- Zunahme Working C.	- 200	+ 600	- 200	+ 100	- 300
Free Cash Flow	- 2.700	+ 900	+ 250	+ 1.600	+ 1.400

Free Cash Flow To Equity	Jahr 01	Jahr 02	Jahr 03	Jahr 04	Jahr 05
EBIT	0	0	400	900	1.300
+ Abschreibungen	+ 0	+ 500	+ 500	+ 500	+ 500
+ Rückstellungen	+ 0	+ 0	+ 0	+ 0	+ 0
+ FK-Zunahme	+ 2.000	- 1.000	+ 0	+ 0	- 1.000
– Zinszahlungen		- 200	- 100	- 100	- 100
– Steuern	+ 0	+ 0	- 150	- 400	- 600
– Investition in AV	- 2.500	- 200	- 300	+ 500	+ 500
– Zunahme Working C.	- 200	+ 600	- 200	+ 100	- 300
Free Cash Flow	- 700	- 300	+ 150	+ 1.500	+ 300

> **Merke**
>
> Die **Free Cash Flows** unterscheiden sich von der **Cash Flow Identität** durch eine andere Definition des Working Capitals. Im Wesentlichen bedeutet dies, dass man bei der Bewertung einer Investition nur projektbezogene Investitionen berücksichtigt und freie Liquidität als positiven Cash Flow berücksichtigt, unabhängig davon, ob diese Mittel tatsächlich den Kapitalgebern zufließen oder aber im Unternehmen verbleiben.

Auch an dieser Stelle muss die Anmerkung erfolgen, dass andere Definitionen des Free Cash Flows existieren. Der an dieser Stelle vorgestellte Ansatz wurde gewählt, weil er sich direkt aus der Cash Flow Identität ableiten lässt und auch in der Umsetzung im Rahmen eines Excel-Sheets leicht nachvollziehbar ist. Bei Alternativdefinitionen wird zumeist der Steuervorteil durch die Fremdfinanzierung herausgerechnet. Dies führt dann zu kleineren Cash Flows (vgl. Kapitel 4.7 Exkurs).

Übungsaufgabe 4.4

Verwenden Sie wieder die Projektionen der Bilanz und der Gewinn- und Verlustrechnung aus der Übungsaufgabe 4.2. Bestimmen Sie hieraus nun die Free Cash Flows.

Free Cash Flow To Firm	Jahr 01	Jahr 02	Jahr 03	Jahr 04	Jahr 05
EBIT *+ Abschreibung* *- Steuern*					
+ Operativer Cash Flow **- Investition AV** **- Zunahme Working Capital**					
Free Cash Flow					

Free Cash Flow To Equity	Jahr 01	Jahr 02	Jahr 03	Jahr 04	Jahr 05
EBIT + Abschreibungen + Rückstellungen + FK-Zunahme – Zinszahlungen – Steuern – Investition in AV – Zunahme Working Capital					
Free Cash Flow					

Übungsaufgabe 4.5

Unternehmen wie Apple Inc. und Google Inc. verfügen über hohe Barreserven. Bewerten Sie diese unter Berücksichtigung der beiden Konzepte Cash Flow Identität und Free Cash Flows.

_____
_____
_____
_____
_____
_____
_____
_____
_____
_____

4.3 Cash Flow Bewertung

Wir kommen damit zur abschließenden Frage, ob die in Kapitel 4.2 ermittelten Cash Flows eine profitable Investition darstellen. Hierzu möchten wir aus der Vielfalt der Methoden aus der Investitionsrechnung drei sogenannte dynamische Methoden herausgreifen.

Dynamische Verfahren der Investitionsrechnung berücksichtigen den Zeitwert des Geldes, d.h. sie beziehen Ein- und Auszahlungen, die zu unterschiedlichen Zeitpunkten erfolgen, auf einen gemeinsamen Zeitpunkt.

Wir betrachten an dieser Stelle

- die Kapitalwertmethode,
- die Methode des internen Zinses und
- die dynamische Amortisationsdauer.

Methoden der Investitionsrechnung dienen als Entscheidungsgrundlage und bewerten, ob Investitionen profitabel oder nicht profitabel sind. Profitabilität wird dabei als das Erreichen einer Benchmark-Rendite interpretiert. Insbesondere die Kapitalwertmethode und die Methode des internen Zinses lassen sich somit als Werkzeuge verstehen, die überprüfen, ob die Investitionen die gesetzte Benchmark-Rendite erreichen oder nicht. Eine Veränderung der gesetzten Benchmark verändert die Investition selbst nicht, sondern führt lediglich zu einer angepassten Bewertung.

> **Merke**
>
> Methoden der Investitionsrechnung dienen der **Interpretation und Bewertung von Cash Flows**. Sie verändern **nicht** die eigentliche Wirtschaftlichkeit bzw. Profitabilität eines Business Cases.

Bei der Bewertung von Business Cases kommen die hier vorgestellten Methoden der Investitionsrechnung meist gemeinsam zur Anwendung und bilden nur einen Teil der Gesamtanalyse. Es sollte auch angemerkt werden, dass es Vorhaben gibt, bei denen die Bewertung durch die hier vorgestellten Methoden der Investitionsrechnung nur eingeschränkt sinnvoll ist. Dies gilt vor allem für Vorhaben, die nur geringe Investitionen vorsehen oder bei denen nur dann Kosten entstehen, wenn Umsätze vorhanden sind. Dies ist beispielsweise bei Personalvermittlungstätigkeiten der Fall.

4.3.1 Berechnung und Interpretation des Kapitalwerts

Bei der Kapitalwertmethode werden alle zukünftigen Zahlungen auf den heutigen Zeitpunkt diskontiert, um die Projekte miteinander zu vergleichen. Dabei ergibt sich der Kapitalwert (oder Barwert, englisch Net Present Value: NPV) einer Investition oder eines Investitionsprojekts durch Diskontierung und anschließender Addition der zukünftigen Zahlungsströme.

Ein positiver Kapitalwert kann als Mehrwert, der durch die Investition generiert wird, interpretiert werden. Da jeder Unternehmer bestrebt ist, den Wert des Unternehmens zu erhöhen, wird also diejenige Investition gewählt, die den höchsten positiven Kapitalwert besitzt.

Mathematisch erfolgt diese Diskontierung von Zahlungsströmen folgendermaßen:

$$NPV(i) = -z_0 + \frac{z_1}{(1+i)^1} + \frac{z_2}{(1+i)^2} + \ldots + \frac{z_T}{(1+i)^T} = -z_0 + \sum_{t=1}^{T} \frac{z_t}{(1+i)^t},$$

wobei i den Abzinsungsfaktor und z_t die jeweiligen (jährlichen) Zahlungsströme, also Ein- und Auszahlungen, beschreiben.

Verwendet man als Abzinsungsfaktor die eingangs beschriebene Benchmark-Rendite, so gibt ein positiver Kapitalwert an, dass zum einen die Rendite der Investition über der Benchmark liegt und zum anderen darüber hinaus noch ein Mehrwert (entspricht dem Kapitalwert) generiert wird.

Beispiel

Wir greifen wieder das Beispiel aus Kapitel 4.1.1 auf und betrachten die beiden Cash Flows:

- Cash Flow von Aktiva (- 3.000; + 1.200; + 150; + 300; +2.800) und
- Free Cash Flow to Firm (- 2.700; + 900; + 250; + 1.600; +1.400).

Beide Cash Flows beschreiben die Profitabilität aus Sicht des Unternehmens. Es ergeben sich folgende Kapitalwerte, wobei wir hier unterschiedliche Diskontierungsfaktoren verwenden:

Diskontierungsfaktor	6%	9%	12%	15%	18%
Cash Flow von Aktiva	735,32	442,42	183,99	-44,94	-248,53
Free Cash Flow to the Firm	823,88	563,40	331,44	124,13	-61,83

Selbstverständlich ergibt der Free Cash Flow immer einen höheren Kapitalwert, weil die Rückflüsse früher generiert werden. Addiert man beide Cash Flows (entspricht einem Diskontierungsfaktor von 0%), erkennt man, dass beide Varianten denselben Wert ergeben.

Merke

Ein **positiver Kapitalwert** bedeutet, dass zukünftige Rückflüsse, die auf den heutigen Tag diskontiert werden, die Investitionen übersteigen. Die eigentliche Schwierigkeit liegt in der „richtigen" heutigen Bewertung einer zukünftigen Zahlung, also der Wahl des Abzinsungsfaktors.

Übungsaufgabe 4.6

Ein Unternehmen bewertet zwei Projekte und berechnet den Kapitalwert der projizierten Cash Flows mit einem einheitlichen Abzinsungsfaktor von 15%.

- Projekt 1: Gründung eines Tochterunternehmens in der Schweiz. Wirtschaftliche Risiken werden als gering eingeschätzt.
- Projekt 2: Gründung eines Tochterunternehmens in Togo. Wirtschaftliche Risiken werden als hoch eingeschätzt.

Das Projekt 2 erreicht einen deutlich höheren Kapitalwert. Erörtern Sie, warum es trotzdem falsch sein könnte, sich für Projekt 2 zu entscheiden.

4.3.2 Berechnung und Interpretation des Internen Zinses

Bei der Methode des internen Zinssatzes wird derjenige Kalkulationszinssatz i* bestimmt, für den gilt: NPV = 0. Dieser interne Zinssatz wird häufig auch als Rendite (englisch: Internal Rate of Return: IRR) einer Investition bezeichnet. Eine Investition ist dann vorteilhaft, falls die interne Rendite größer als eine vorgegebene Mindestverzinsung des eingesetzten Kapitals ist. Bei mehreren Investitionsalternativen wird die Alternative mit der höchsten (nichtnegativen) internen Rendite gewählt. Auf mathematische Besonderheiten bei der Berechnung des Internen Zinssatzes wollen wir hier nicht eingehen und verweisen auf die entsprechende Fachliteratur.

Verwendet man als vorgegebene Mindestverzinsung die eingangs beschriebene Benchmark-Rendite, so gibt ein interner Zins, der über der Benchmark liegt, an, dass zum einen die Rendite der Investition über der Benchmark liegt und zum anderen um wie viel (entspricht der Differenz der beiden Zinssätze).

Beispiel

Für die beiden Cash Flows aus dem vorherigen Beispiel ergeben sich folgende interne Zinssätze (mit Excel bestimmt):

- Cash Flow von Aktiva: 14,38%
- Free Cash Flow to Firm: 16,97%

Der interne Zins für den Free Cash Flow to Firm ist erwartungsgemäß höher.

Merke

Ein **interner Zins** kann als durchschnittliche Verzinsung einer Investition interpretiert werden. Er sollte höher als die gesetzte Benchmark sein.

Übungsaufgabe 4.7

Wenn Sie eine Anleihe von Griechenland erwerben, ist damit finanzmathematisch ein höherer interner Zins verbunden als beim Erwerb einer Bundesanleihe Deutschlands. Warum ist das so? Und macht es dann überhaupt Sinn, eine deutsche Bundesanleihe zu erwerben?

_____

_____

_____

uvk-lucius.de/schritt-fuer-schritt

4.3.3 Berechnung und Interpretation der Amortisationsdauer

Die Methode der dynamischen Amortisationsrechnung schließlich ermittelt den Zeitraum, der benötigt wird, um investiertes Kapital über die Rückflüsse „zurückzugewinnen". Hierzu werden die Kapitalwerte für verkürzte Zahlungsströme bestimmt und solange um jeweils eine Periode verlängert bis man einen positiven Kapitalwert erhält. Die Anzahl der Perioden entspricht der Amortisationsdauer. Es wird diejenige Investitionsalternative ausgewählt, die die kürzeste Amortisationsdauer (Kapitalwiedergewinnzeit oder englisch: Pack-Back-Period) aufweist. Ziel ist wiederum, die mit der Investition verbundene zeitliche Unsicherheit zu minimieren, indem auf einen frühzeitigen Kapitalrückfluss Wert gelegt wird. Ein allgemeines Kriterium für die Vorteilhaftigkeit bei nur einer Investitionsalternative lässt sich hier nicht formulieren. Die dynamische Amortisationsrechnung akkumuliert die Rückflüsse einer Investition, wobei die Zeitwerte der Rückflüsse explizit berücksichtigt werden. Eine unterjährige Amortisationsdauer lässt sich berechnen, falls man im Modell bestimmte Annahmen trifft.

Beispiel

Für die beiden Cash Flows aus dem vorherigen Beispiel ergeben sich folgende dynamische Amortisationsdauern, wobei wir zunächst die Kapitalwerte für die verkürzten Zahlungsströme bestimmen. Wir unterstellen einen Diskontierungsfaktor von 15%:

	Cash Flow von Aktiva		**Free Cash Flow to Firm**	
bis...	Cash Flow	Kapitalwert	Cash Flow	Kapital-wert
Jahr 01	(-3.000)	**- 3.000**	(-2.700)	**- 2.700**
Jahr 02	(-3.000;+1.200)	**- 1.957**	(-2.700;+900)	**- 1.917**

Jahr 03	(-3.000;+1.200;+150)	- 1.843	(-2.700;+900;+250)	- 1.728
Jahr 04	(-3.000;+1.200;+150; +300)	- 1.646	(-2.700;+900;+250; +1.600)	- 676
Jahr 05	(-3.000; … ;2.800)	- 45	(-2.700; … ;1.400)	124,13

Damit ergibt sich folgende Situation:

- Cash Flow von Aktiva: die Investition wird nicht amortisiert
- Free Cash Flow to Firm: Amortisationsdauer 5 Jahre

Die Amortisationsdauer für den Free Cash Flow to Firm ist auch hier erwartungsgemäß kürzer.

Merke

Die **dynamische Amortisationsdauer** gibt an, in welchem Zeitraum die ursprüngliche Investition zurückgezahlt ist. Je kürzer dieser Zeitraum desto besser.

Übungsaufgabe 4.8

Wenn Sie zwei oder mehr Investitionsalternativen vergleichen, kann es sein, dass die hier vorgestellten Methoden (Kapitalwert, interner Zins und Amortisationsdauer) unterschiedliche Priorisierungen ergeben. Wie kann so etwas sein? Denken Sie daran, was Sie mit den Methoden eigentlich machen!

_____
_____
_____
_____
_____
_____
_____
_____

4.3.4 Bestimmung einer Benchmark-Rendite

Für die Wahl einer sinnvollen Benchmark bei der Anwendung der Methoden der Investitionsrechnung wollen wir uns zunächst folgenden Sachverhalt vergegenwärtigen:

Zweck eines Unternehmens ist im Endeffekt die Verwaltung von Investitionen durch Eigen- und Fremdkapitalgeber. Für das Bereitstellen der finanziellen Mittel erwarten sie in Abhängigkeit der eingegangenen Risiken eine Kompensation in Form von Dividenden und Wertsteigerungen oder Zinszahlungen. Profitabel ist eine durch das Unternehmen getätigte Investition somit dann, wenn die Erwartungen von Eigen- und Fremdkapitalgebern hinsichtlich dieser Kompensation erfüllt werden.

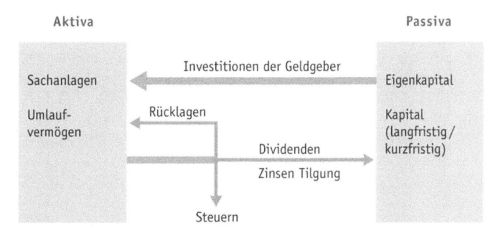

Abb.4.4: Zahlungsströme im Unternehmen

Die „Erwartungen" werden in praxi als Eigen- bzw. Fremdkapitalkosten bezeichnet. Für ein Projekt, das sowohl durch Eigen- als auch Fremdkapital finanziert ist, gilt somit ein gewichteter Kapitalkostensatz, auch als WACC (Weighted Average Cost of Capital) bezeichnet.

Wir übertragen diese Überlegung nun auf die Cash Flows und die damit verbundenen unterschiedlichen Perspektiven, also Projekt-Sicht, Eigenkapitalgeber-Sicht und Fremdkapitalgeber-Sicht. Somit sind als Benchmark für den Cash Flow von Aktiva und den Free Cash Flow to Firm der gewichtete Kapitalkostensatz und für den Cash Flow nach Eigenkapital und den Free Cash Flow to Equity der Eigenkapitalkostensatz als Benchmark zu verwenden. Für den Cash Flow nach Fremdkapital macht nur der Fremdkapitalkostensatz als Benchmark Sinn. Wie man leicht erkennen kann, ist eine Untersuchung in diesem Fall aber nicht sehr spannend, weil man die Cash Flows nach Fremdkapital genau mit diesem Zinssatz modelliert hat und der Kapitalwert damit immer gleich 0 ist.

Beispiel

Unterstellen wir in unserem bisherigen Beispiel folgende Kapitalkosten:

- Eigenkapitalkosten: 25%
- Fremdkapitalkosten: 10%

ergibt sich ein WACC von: $\frac{1}{3} \times 25\% + \frac{2}{3} \times 10\% = 15\%$

Für die Cash Flows aus unserem bisherigen Beispiel ergeben sich dann folgende Kapitalwerte:

- NPV(Cash Flow nach Eigenkapital) = - 169,28 (Benchmark 15%)
- NPV(Cash Flow nach Fremdkapital) = 0 (Benchmark 10%)
- NPV(Cash Flow von Aktiva) = - 44,94 (Benchmark 25%)

Der Kapitalwert für den Fremdkapitalgeber ist 0, da er genau die 10% erhält, die modelliert wurden. Es ist an dieser Stelle sicherlich auch interessant zu sehen, dass die Summe der beiden Kapitalwerte der Cash Flows nach EK und FK nicht dem Kapitalwert von Aktiva entspricht. Dies liegt daran, dass die Rückflüsse nicht gleichmäßig verteilt sind und sich die EK/FK-Quote verändert. Im Grunde müsste man aber davon ausgehen, dass sowohl aus Projektsicht als auch aus Eigenkapitalgebersicht der gleiche Mehrwert durch das Projekt geschaffen wird, da ja der Kapitalwert für den Fremdkapitalgeber 0 ist.

Merke

Die Wahl einer sinnvollen **Benchmark-Rendite** ist fundamental für die Bewertung der Cash Flows. Je nach Perspektive sind andere Benchmarks zu verwenden.

Für eine theoretische Bestimmung der Kapitalkostensätze verweisen wir auf die weiterführende Literatur.

4.4 Business Cases

Wir betrachten im Folgenden zwei Fälle. Im ersten Fall beruht die Untersuchung auf der Neugründung eines Unternehmens und die gesamte Entwicklung sowohl in Bezug auf die Verwendung der eingebrachten Mittel (Aktiva einer Bilanz) als auch deren Herkunft werden modelliert. Im zweiten Fall hingegen modellieren wir ein Projekt innerhalb eines Unternehmens ohne explizit auf die Mittelherkunft einzugehen. Während die erste Betrachtungsweise eher der eines Entrepreneurs entspricht, ist die zweite Sichtweise typisch für die Aufgabenstellung eines Projekt- oder Produktmanagers.

Der bisherige Ansatz ist für Projektmanager häufig nicht umsetzbar, da die Modellierung der Finanzierungsformen außerhalb des Kompetenzbereichs liegt. Insbesondere die Zinszahlungen und die Gewinnausschüttungspolitik sind hier nicht darstellbar. Ist dies der Fall bietet sich eine Modellierung an, bei der nur operativ notwendiges Umlaufvermögen berücksichtigt wird und somit implizit die zweite Definition des Working Capitals vorliegt, was selbstverständlich auch eine Liquiditätsreserve beinhalten sollte. Vergleicht man dann die beiden nachfolgenden Business Cases, erkennt man, dass im ersten Fall unter den gegebenen Rahmenbedingungen sehr viel Liquidität angehäuft wird, die vermutlich nicht benötigt wird. Eine profitablere Verwendung sollte in diesem Fall angestrebt werden.

Merke

Die **Modellierung von Plan-Bilanzen und Plan-GuVs** kann in manchen Fällen nicht vollständig durchgeführt werden. In solchen Fällen muss die **Vorgehensweise** angepasst werden.

4.4.1 Beispiel: JV GmbH

Im Zuge der Entwicklung zur E-Mobilität haben sich die Unternehmen CAR AG, ein internationaler Automobilkonzern und Batterie GmbH zu einer Kooperation entschlossen, um stark verbesserte Batterien herzustellen. Ziel ist es, gemeinsam auf dem Gebiet der E-Mobilität führend im internationalen Vergleich zu werden. CAR AG plant hierzu innerhalb der nächsten 5 Jahre 50% der produzierten Autos mit diesen neuartigen, leistungsstarken Batterien auszustatten. Dazu haben sich beide Unternehmen zu einem Joint Venture entschlossen. Die gemeinsame Firma JV GmbH soll innerhalb der nächsten 5 Jahre auf einen Umsatz von knapp 810 Millionen Euro kommen, wobei von einem Absatzvolumen von ungefähr 810.000 Stück ausgegangen wird, der Preis pro Batterie wird mit 1.000€ angesetzt.

Nach Gründung des Joint Ventures, an dem beide Unternehmen zu jeweils 50% beteiligt sind, sollen bereits im ersten Jahr Batterien hergestellt und an die CAR AG vertrieben werden. Allerdings wird nur von einem Absatz von 160.000 Stück ausgegangen. Beide Unternehmen gehen demnach davon aus, dass die JV GmbH jedes Jahr eine Umsatzsteigerung von 50% erzielen kann.

Das Management beider Firmen möchte sicherstellen, dass sowohl das Joint Venture als auch die Investition der beiden Partner profitabel ist.

Für die Profitabilitätsberechnung, d.h. bei der Berechnung des Kapitalwertes, geben beide Partner einen Abzinsungsfaktor von 30% für das eingesetzte Eigenkapital vor. Fremdkapital kann zu einem Zinssatz von 10% aufgenommen werden.

Die weitere Analyse ergibt schließlich folgendes Bild:

Es sind Investitionen in das Anlagevermögen von 150.000 Tausend Euro (T€) notwendig, wobei diese linear über 5 Jahre abgeschrieben werden können.

Für das Umlaufvermögen machen die beiden Partner folgende Schätzungen:

- Forderungen belaufen sich auf durchschnittlich 10% des Umsatzes, wobei diese erst ab dem ersten Jahr modelliert werden.
- Vorräte werden mit 25% der Produktionskosten für Material und Arbeit angenommen, da mit einer durchschnittlichen Verweildauer von 3 Monaten gerechnet wird, weil die CAR AG jederzeit über ausreichende Mengen verfügen möchte.

Die beiden Partner rechnen damit, dass die Zulieferer der JV GmbH im Schnitt ein Zahlungsziel von 36 Tagen gewähren, so dass die Verbindlichkeiten gegenüber Lieferanten mit 10% der Materialkosten modelliert werden.

Die Produktionskosten belaufen sich auf 40% des Umsatzes, wobei davon jeweils 50% auf Material- und Personalkosten entfallen. Da ein Schwerpunk auf der Weiterentwicklung der Batterietechnik liegt, muss hier stark investiert werden. Die Kosten für Forschung und Entwicklung sowie Verwaltungskosten ergeben sich unter dieser Annahme zu 100.000 T€ und bleiben über die nächsten 5 Jahre konstant. Marketingkosten unterliegen einem jährlichen Wachstum von 10% p.a. und starten mit einem Budget von 20.000 T€ im ersten Jahr.

Die Finanzierung des Unternehmens erfolgt zu jeweils 50% aus Fremd- und Eigenkapital. Der erwirtschaftete Gewinn soll nicht ausgeschüttet werden.

Zusammengefasst ergibt sich nun folgendes Bild für die zukünftigen Bilanzen und Gewinn- und Verlustrechnungen:

Plan-Bilanz

in Tausend Euro

	Jahr 0	Jahr 1	Jahr 2	Jahr 3	Jahr 4	Jahr 5
Aktiva						
Umlaufvermögen						
Liquide Mittel	77.200	18.800	11.200	64.600	180.585	0
davon operative Liquide Mittel	10.000	10.000	10.000	10.000	10.000	0
Forderungen		16.000	24.000	36.000	54.000	0
Vorräte	16.000	24.000	36.000	54.000	81.000	0
Summe	93.200	58.800	71.200	154.600	315.585	0
Anlagevermögen						
Gebäude und Maschinen	150.000	120.000	90.000	60.000	30.000	0
Summe	150.000	120.000	90.000	60.000	30.000	0
Summe Aktiva	243.200	178.800	161.200	214.600	345.585	0

Passiva

Kurzfristiges Fremdkapital						
Verbindlichkeiten gegenüber Lieferanten	3.200	4.800	7.200	10.800	16.200	0
Kurzfristige Bankdarlehen	0	0	0	0	0	0
Summe	3.200	4.800	7.200	10.800	16.200	0
Langfristiges Fremdkapital						
Langfristiges Fremdkapital	120.000	120.000	120.000	120.000	120.000	0
Summe	120.000	120.000	120.000	120.000	120.000	0
Eigenkapital						
Grundkapital	120.000	120.000	120.000	120.000	120.000	0
Gewinnrücklagen		-66.000	-86.000	-36.200	89.385	0
Summe	120.000	54.000	34.000	83.800	209.385	0
Summe Passiva	**243.200**	**178.800**	**161.200**	**214.600**	**345.585**	**0**

Plan-GuV

in Tausend Euro

	Jahr 0	Jahr 1	Jahr 2	Jahr 3	Jahr 4	Jahr 5
Umsatz		160.000	240.000	360.000	540.000	810.000
Herstellkosten für Material		32.000	48.000	72.000	108.000	162.000
Herstellkosten für Personal		32.000	48.000	72.000	108.000	162.000
Marketingkosten		20.000	22.000	24.200	26.620	29.282
F&E-Kosten, Verwaltungskosten		100.000	100.000	100.000	100.000	100.000
Abschreibungen		30.000	30.000	30.000	30.000	30.000
EBIT		-54.000	-8.000	61.800	167.380	326.718
gezahlte Zinsen		12.000	12.000	12.000	12.000	12.000
Gewinn vor Steuern (EBT)		-66.000	-20.000	49.800	155.380	314.718
Verlustvortrag			-66.000	-86.000	-36.200	0
zu versteuerndes Einkommen			0	0	119.180	314.718
Steuern		0	0	0	29.795	78.680
Gewinn/Verlust		-66.000	-20.000	49.800	125.585	236.039
Dividenden		0	0	0	0	0
Gewinnrücklagen		-66.000	-20.000	49.800	125.585	236.039

Erläuterung der einzelnen Größen im Excel-Sheet:

Die markierten Zellen sind zunächst die Größen, die das Modell bilden.

uvk-lucius.de/schritt-fuer-schritt

Wir starten mit der GuV und dort wie anfangs beschrieben mit den projizierten Umsätzen:

- **Umsatz**: Im ersten Jahr ergeben sich die Umsätze aus 160.000 verkauften Einheiten multipliziert mit dem Durchschnittspreis von 1.000 €. In den Folgejahren wächst der Umsatz um jeweils 50%.
- **Materialkosten**: Die Materialkosten ergeben sich zu 50% der Produktionskosten, die wiederum 40% des Umsatzes ausmachen, damit entsprechen die Materialkosten 20% des jeweiligen Jahresumsatzes.
- **Personalkosten**: Die Personalkosten ergeben sich analog.
- **Marketingkosten**: Die Marketingkosten betragen für das erste Jahr 20.000.000 € und wachsen dann pro Jahr um 10%.
- **Sonstige Kosten**: Die übrigen Kosten, insbesondere für Forschung und Entwicklung, belaufen sich auf 100.000.000 € und bleiben konstant.
- **Abschreibungen**: Aus Transparenzgründen weisen wir Abschreibungen separat aus. Die Abschreibungen ergeben sich aus dem Anlagevermögen von 150.000.000 €, welche über 5 Jahre linear abgeschrieben werden.
- **Gezahlte Zinsen**: Die zu zahlenden Zinsen ergeben sich aus der Aufnahme von Fremdkapital (mit Ausnahme der Verbindlichkeiten gegenüber Lieferanten) multipliziert mit dem entsprechenden Kreditzins. Es liegen nur langfristige Kredite vor, der Zinssatz beträgt 10%.
- **Steuern**: Der Steuersatz wird mit 25% des zu versteuernden Gewinns angenommen. Gegebenenfalls kann die Steuerlast selbstverständlich auch über eine separate steuerrechtliche Rechnungslegung ermittelt werden. Der Verlustvortrag wird berücksichtigt..
- **Dividenden und Gewinnrücklagen**: Der ermittelte Gewinn der GuV wird entweder in Form von Dividenden (der Begriff ‚Dividenden' steht hier als Synonym für jegliche Form der Gewinnausschüttung) ausgeschüttet oder einbehalten (Gewinnthesaurierung). Die Summe aus Dividenden und Gewinnthesaurierung ist demnach gleich dem Gewinn. Im vorliegenden Business Case wird kein Gewinn ausgeschüttet.

Die Umsätze bilden nun auch den Ausgangspunkt für die wesentlichen Bilanzgrößen:

- **Liquide Mittel**: Tatsächlich wäre der Liquiditätsbedarf aufgrund von Liquiditätskennzahlen zu ermitteln und sollte gerade im ersten Jahr anhand der Liquiditätsrechnung überprüft werden. Die liquiden Mittel sind allerdings hier zunächst als „freie" Variable modelliert, d.h. sie dienen dem Ausgleich der Bilanzgleichung, entsprechend ergibt sich der Bilanzwert der liquiden Mittel zu ‚Summe Passiva - Übrige Aktivaposten' (243.200.000 € - 150.000.000 € - 16.000.000 € = 77.200.000 € in Jahr 0). Diese Vorgehensweise ist selbstverständlich sehr vereinfachend. Wir gehen dann davon aus, dass 10.000.000 € dieser liquiden Mittel als operativ notwendig anzusehen sind.

- **Forderungen**: Forderungen ergeben sich erst nach Verkauf der Produkte, deshalb bietet es sich an, die Forderungen erst ab dem Jahr 1 zu modellieren, analog der berücksichtigten Umsätze. Aus den obigen Angaben ergeben sich für das Jahr 1 Forderungen von 10% × 160.000.000 € = 16.000.000 €.
- **Vorräte**: Die Vorräte werden anhand der Produktionskosten (40% der Umsätze) modelliert und betragen davon 25% [25% × (32.000.000 € + 32.000.000 €) = 16.000.000 €], wobei die Vorräte immer bereits für das Vorjahr modelliert werden.
- **Gebäude und Maschinen**: Die (Bilanz-)Werte ergeben sich aus der Anfangsinvestition von 150.000.000 € zu Beginn der Projektion (hier Jahr 0) reduziert um die jeweiligen Abschreibungen (Jahr 1: 150.000.000 € - 30.000.000 € = 120.000.000 €)

Die Summe der Aktiva bestimmt nun die Passiva. Die wesentliche Frage wäre hierbei, in wie weit Eigenkapital oder Fremdkapital verwendet werden kann. Es sei hier von einer EK-Quote von 50% ausgegangen.

- **Verbindlichkeiten gegenüber Lieferanten**: Die Bilanzgröße ergibt sich aufgrund des gegebenen Zahlungsziels von 36 Tagen und entspricht somit 10% der Materialkosten (10% × 32.000.000 € = 3.200.000 €).
- **Kurzfristige Bankdarlehen**: Diese seien hier nicht modelliert.
- **Langfristiges Fremdkapital**: Das langfristige Fremdkapital betrage 120.000.000 € und bleibt konstant. Eine (teilweise) Rückzahlung ist demnach nicht vorgesehen.
- **Grundkapital**: Das Grundkapital betrage ebenfalls 120.000.000 €. Eine Rückzahlung (etwa in Form eines Aktienrückkaufprogramms) ist nicht vorgesehen.
- **Gewinnrücklagen**: Die Gewinnrücklagen ergeben sich aus den akkumulierten Gewinnrücklagen der GuV. Also beispielsweise für das Jahr 3: -66.000.000 € + (-20.000.000 €) + 49.800.000 € = -36.200.000 €.

Für das Jahr 5 sind alle Bilanzpositionen gleich 0. Dies dient der Ermittlung des Terminal Values des Business Cases.

Der Vollständigkeit halber geben wir an dieser Stelle auch die Kapitalflussrechnung an:

Plan-Kapitalflussrechnung

in Tausend Euro

	Jahr 0	Jahr 1	Jahr 2	Jahr 3	Jahr 4	Jahr 5
Gewinn/Verlust	0	-66.000	-20.000	49.800	125.585	236.039
Abschreibungen	0	30.000	30.000	30.000	30.000	30.000
Zuwachs Umlaufvermögen (ohne liquide Mittel)	16.000	24.000	20.000	30.000	45.000	-135.000
Zuwachs kurzfristige Verbindlichkeiten	3.200	1.600	2.400	3.600	5.400	-16.200
Cash Flow aus operativer Tätigkeit	**-12.800**	**-58.400**	**-7.600**	**53.400**	**115.985**	**384.839**
Endwert Anlagevermögen	150.000	120.000	90.000	60.000	30.000	0
Anfangswert Anlagevermögen	0	150.000	120.000	90.000	60.000	30.000
Abschreibung	0	30.000	30.000	30.000	30.000	30.000
Cash Flow aus Investititionstätigkeit	**-150.000**	**0**	**0**	**0**	**0**	**0**
Fremdkapitalfinanzierung	120.000	0	0	0	0	-120.000
Eigenkapitalfinanzierung	120.000	0	0	0	0	-445.424
Cash Flow aus Finanztätigkeit	**240.000**	**0**	**0**	**0**	**0**	**-565.424**
Gesamt Cash Flow	**77.200**	**-58.400**	**-7.600**	**53.400**	**115.985**	**-180.585**

Im zweiten Schritt werden hieraus die relevanten Cash Flows bestimmt. Wir starten unsere Betrachtung zunächst mit der Cash Flow Identität, welche dann folgendes Aussehen hat:

Cash Flow nach Fremd- und Eigenkapital

in Tausend Euro

	Jahr 0	Jahr 1	Jahr 2	Jahr 3	Jahr 4	Jahr 5
Zinszahlungen	0	12.000	12.000	12.000	12.000	12.000
Neuverschuldung	120.000	0	0	0	0	-120.000
Cash Flow nach Fremdkapital	**-120.000**	**12.000**	**12.000**	**12.000**	**12.000**	**132.000**
Ausschüttung	0	0	0	0	0	0
Kapitalerhöhung	120.000	0	0	0	0	-445.424
Cash Flow nach Eigenkapital	**-120.000**	**0**	**0**	**0**	**0**	**445.424**
Cash Flow nach Fremd- und Eigenkapital	**-240.000**	**12.000**	**12.000**	**12.000**	**12.000**	**577.424**

Cash Flow von Aktiva

in Tausend Euro

	Jahr 0	Jahr 1	Jahr 2	Jahr 3	Jahr 4	Jahr 5
Operativer Cash Flow						
EBIT	0	-54.000	-8.000	61.800	167.380	326.718
Abschreibungen	0	30.000	30.000	30.000	30.000	30.000
Steuern	0	0	0	0	29.795	78.680
Operativer Cash Flow	0	-24.000	22.000	91.800	167.585	278.039
Zunahme Working Capital						
Umlaufvermögen	93.200	58.800	71.200	154.600	315.585	0
kurzfristige Verbindlichkeiten	3.200	4.800	7.200	10.800	16.200	0
Zunahme Working Capital	90.000	-36.000	10.000	79.800	155.585	-299.385
Investition in Anlagevermögen						
Investition in Anlagevermögen	150.000	0	0	0	0	0
Investition in Anlagevermögen	150.000	0	0	0	0	0
Gesamt Cash Flow	-240.000	12.000	12.000	12.000	12.000	577.424

Diese Ergebnisse ermöglichen nun im letzten Schritt die Auswertung mit Hilfe von Kapitalwert und internem Zins Wir betrachten zunächst die Situation für die JV GmbH. Dazu analysieren wir den Cash Flow von Aktiva:

Investitionsrechnung

in Tausend Euro

	Jahr 0	Jahr 1	Jahr 2	Jahr 3	Jahr 4	Jahr 5
Abzinsungsfaktor	20%	WACC				
Cash Flow von Aktiva	-240.000	12.000	12.000	12.000	12.000	577.424
akkumulierter Cash Flow	-240.000	-228.000	-216.000	-204.000	-192.000	385.424
diskontierter Cash Flow	-240.000	10.000	8.333	6.944	5.787	232.054
Akkumulierter diskontierter Cash Flow	-240.000	-230.000	-221.667	-214.722	-208.935	23.118
Kapitalwert	23.118					
Amortisationsdauer	5 Jahre					
Interner Zins	22,39%					

Zur Berechnung des Kapitalwertes wird der gewichtete Kapitalkostensatz verwendet, der sich gewichtet aus der gewünschten Verzinsung der Eigenkapitalgeber, also der beteiligten Joint Venture Partner, und dem Zinssatz für die Aufnahme von Fremdkapital ergibt.

Die Situation aus Sicht der beiden beteiligten Partner sieht etwas anders aus. Es gilt hier, den Cash Flow nach Eigenkapital zu analysieren.

Cash Flow nach Eigenkapital	-120.000	0	0	0	0	445.424
Kapitalwert (Eigenkapital)	**-35**					
Interner Zins (Eigenkapital)	**29,99%**					

Aufgrund der Tatsache, dass es zu keinen Gewinnauszahlungen kommt, beschränkt sich der Cash Flow auf eine einmalige Investition zu Beginn des Planungshorizonts und einer Berücksichtigung des Terminal Values am Ende des Planungshorizonts.

Wir wollen uns nun der Analyse mittels der Free Cash Flows zuwenden. Hier ergibt sich folgendes Bild:

Free Cash Flow to Firm

in Tausend Euro

	Jahr 0	Jahr 1	Jahr 2	Jahr 3	Jahr 4	Jahr 5
Operativer Cash Flow						
Operativer Cash Flow	0	-24.000	22.000	91.800	167.585	278.039
Zunahme Working Capital Definition 2						
Umlaufvermögen ohne nicht-operative Liquide Mittel	26.000	50.000	70.000	100.000	145.000	0
kurzfristige Verbindlichkeiten LuL	3.200	4.800	7.200	10.800	16.200	0
Zunahme Working Capital	22.800	22.400	17.600	26.400	39.600	-128.800
Investition in Anlagevermögen						
Investition in Anlagevermögen	150.000	0	0	0	0	0
Gesamt Cash Flow	-172.800	-46.400	4.400	65.400	127.985	406.839

Investitionsrechnung

in Tausend Euro

	Jahr 0	Jahr 1	Jahr 2	Jahr 3	Jahr 4	Jahr 5
Abzinsungsfaktor	20%					
Free Cash Flow to Firm	-172.800	-46.400	4.400	65.400	127.985	406.839
akkumulierter Cash Flow	-172.800	-219.200	-214.800	-149.400	-21.415	385.424
diskontierter Cash Flow	-172.800	-38.667	3.056	37.847	61.721	163.499
Akkumulierter diskontierter Cash Flow	-172.800	-211.467	-208.411	-170.564	-108.843	54.657
Kapitalwert	**54.657**					
Amortisationsdauer	**5 Jahre**					
Interner Zins	**26,7%**					

Und aus der Eigenkapitalgeber-Sicht:

Free Cash Flow to Equity

in Tausend Euro

	Jahr 0	Jahr 1	Jahr 2	Jahr 3	Jahr 4	Jahr 5
Free Cash Flow to Firm						
Free Cash Flow to Firm	-172.800	-46.400	4.400	65.400	127.985	406.839
Fremdfinanzierung						
Zunahme lfr. Fremdkapital	120.000	0	0	0	0	-120.000
Zinszahlungen	0	12.000	12.000	12.000	12.000	12.000
Cash Flow Finanzierung	120.000	-12.000	-12.000	-12.000	-12.000	-132.000
Gesamt Cash Flow	-52.800	-58.400	-7.600	53.400	115.985	274.839

Investitionsrechnung

in Tausend Euro

	Jahr 0	Jahr 1	Jahr 2	Jahr 3	Jahr 4	Jahr 5
Abzinsungsfaktor	30%					
Free Cash Flow to Equity	-52.800	-58.400	-7.600	53.400	115.985	274.839
akkumulierter Cash Flow	-52.800	-111.200	-118.800	-65.400	50.585	325.424
diskontierter Cash Flow	-52.800	-48.667	-5.278	30.903	55.934	110.451
akkumulierter diskontierter Cash Flow	-52.800	-101.467	-106.744	-75.842	-19.908	90.544
Kapitalwert	36.717					
Amortisationsdauer	5 Jahre					
Interner Zins	40,9%					

ACHTUNG: Die Ergebnisverbesserung bei Verwendung der Free Cash Flows ergibt sich aus einer differenzierten Interpretation der liquiden Mittel, nicht daraus, dass sich das Geschäftsmodell oder die Investition geändert haben!

Wir haben ganz bewusst auch jeweils die akkumulierten Cash Flows angegeben. Diese sind für beide Analysen im letzten Jahr der Projektion gleich, was nochmals verdeutlicht, dass die beiden Ansätze lediglich die Zuordnung der Cash Flows zu einzelnen Jahren unterschiedlich behandeln.

4.4.2 Beispiel: XY AG

Im Rahmen einer Produktentwicklung für die XY AG präsentiert der verantwortliche Produktmanager für die Innovation folgende Investitionsrechnung:

Im ersten Jahr kann bereits ein Umsatz von 800.000 € erzielt werden, der anschließend kontinuierlich um 5 % anwächst. Die Kosten werden vom Projektteam folgendermaßen eingeschätzt:

- Materialkosten: 60% bezogen auf die Umsätze pro Jahr.
- Personalkosten: 20% bezogen auf die Umsätze pro Jahr.
- Marketingkosten: 10.000 € im ersten Jahr mit einem jährlichen Anstieg von 10 %.
- Verwaltungskosten: 50.000 € pro Jahr.

Für das Projekt werden Investitionen von 240.000 € angesetzt, die über 10 Jahre abgeschrieben werden. Das Working Capital Investment wird zu Beginn mit 10% der Produktionskosten bewertet. In den darauffolgenden Jahren erwartet das Projektteam zusätzlichen Kapitalbedarf für ausstehende Forderungen, die mit 4% des Umsatzes in das Modell eingehen. Verbindlichkeiten gegenüber Lieferanten entstehen mit 5% der Materialkosten.

Die unternehmensinterne Vorgabe für die Kapitalwertberechnung von Projekten beträgt 20% und entspricht den gewichteten Kapitalkosten des Unternehmens.

Die Vorgaben gehen wie folgt in die Plan-Bilanz ein, wobei nun nur die Aktivseite modelliert wird. Statt der Bilanzpositionen des Umlaufvermögens kann auch einfach das Working Capital als Größe genommen werden.

Plan-Bilanz

in Tausend Euro

	Jahr 0	Jahr 1	Jahr 2	Jahr 3	Jahr 4	Jahr 5
Aktiva						
Working Capital Definition 2						
Operative Liquide Mittel	10.000	10.000	10.000	10.000	10.000	0
Forderungen		32.000	33.600	35.280	37.044	0
Verbindlickeiten aus LuL	24.000	25.200	26.460	27.783	29.172	0
Vorräte	57.600	67.200	70.560	74.088	77.792	0
Summe Working Capital	43.600	84.000	87.700	91.585	95.664	0
Anlagevermögen						
Gebäude und Maschinen	240.000	210.000	180.000	150.000	120.000	0
Summe	240.000	210.000	180.000	150.000	120.000	0
Summe	283.600	294.000	267.700	241.585	215.664	0

Die Gewinn- und Verlustrechnung unterscheidet sich von unserem vorherigen Ansatz dadurch, dass weder Zinsen noch Gewinnausschüttung modelliert werden. Dies ist auch nicht notwendig. Bei der Wahl des Abzinsungsfaktors für den Cash Flow müssen die Kapitalkosten entsprechend vorgegeben werden.

Plan-GuV

in Tausend Euro

	Jahr 0	Jahr 1	Jahr 2	Jahr 3	Jahr 4	Jahr 5
Umsatz		800.000	840.000	882.000	926.100	972.405
Materialkosten		480.000	504.000	529.200	555.660	583.443
Personalkosten		96.000	168.000	176.400	185.220	194.481
Marketingkosten		10.000	11.000	12.100	13.310	14.641
F&E-Kosten, Verwaltungskosten		50.000	50.000	50.000	50.000	50.000
Abschreibungen		30.000	30.000	30.000	30.000	30.000
EBIT		**134.000**	**77.000**	**84.300**	**91.910**	**99.840**
Steuern auf EBIT		33.500	19.250	21.075	22.978	24.960

Das Projekt wird nun analog der vorherigen Betrachtung mit Hilfe des Cash Flows von Aktiva bzw. des Free Cash Flows to Firm bewertet. Beide Cash Flows sind hier identisch. Sie ergeben sich folgendermaßen:

Cash Flow von Aktiva / Free Cash Flow to Firm

in Tausend Euro

	Jahr 0	Jahr 1	Jahr 2	Jahr 3	Jahr 4	Jahr 5
Operativer Cash Flow						
EBIT	0	134.000	77.000	84.300	91.910	99.840
Abschreibungen	0	30.000	30.000	30.000	30.000	30.000
Steuern	0	33.500	19.250	21.075	22.978	24.960
Operativer Cash Flow	0	197.500	126.250	135.375	144.888	154.800
Zunahme Working Capital gemäß Definition 2						
Zunahme Working Capital	43.600	40.400	3.700	3.885	4.079	-95.664
Investition in Anlagevermögen						
Investition in Anlagevermögen	240.000	0	0	0	0	-90.000
Investition in Anlagevermögen	240.000	0	0	0	0	-90.000
Gesamt Cash Flow	-283.600	157.100	122.550	131.490	140.808	340.464

Somit ergibt sich abschließendes Bild durch den letzten Schritt der Analyse. Der Kapitalwert ist positiv bei Verwendung des vorgegebenen Diskontierungszinssatzes von 20% und der interne Zins liegt folgerichtig ebenfalls mit 47,2% deutlich über der gesetzten Benchmark.

Investitionsrechnung

in Tausend Euro

	Jahr 0	Jahr 1	Jahr 2	Jahr 3	Jahr 4	Jahr 5
Abzinsungsfaktor	20%	WACC				
Cash Flow von Aktiva	-283.600	157.100	122.550	131.490	140.808	340.464
akkumulierter Cash Flow	-283.600	-126.500	-3.950	127.540	268.348	608.813
diskontierter Cash Flow	-283.600	130.917	85.104	76.094	67.905	136.825
akkumulierter diskontierter Cash Flow	-283.600	-152.683	-67.579	8.515	76.420	213.245
Kapitalwert	213.245					
Amortisationsdauer	3 Jahre					
Interner Zins	47,2%					

Für diesen Business Case ist die Benchmark (hier der WACC) vorgegeben. Man beachte aber, dass bei der Berechnung der Cash Flows der Steuervorteil aus einer Fremdfinanzierung nicht eingerechnet wurde. Dies sollte insofern im Vorfeld bei der Festlegung der Benchmark berücksichtigt werden (vgl. hierzu auch Kapitel 4.7 Exkurs).

4.5 Liquiditätsrechnung

Die **Liquidität** (oder Zahlungsfähigkeit) stellt für ein Unternehmen eines der zentralen Erfordernisse im täglichen Geschäftsbetrieb dar. Ein Unternehmen wird als liquide bezeichnet, wenn es in der Lage ist, alle zwingend notwendigen Zahlungsverpflichtungen gegenüber Lieferanten, Arbeitnehmern, Gläubigern, etc. termingerecht und betragsgenau erfüllen zu können.

> **Merke**
>
> Durch die Erstellung von Plan-Bilanz und Plan-GuV reduziert man die Zeitpunkte der Cash Flows. Im Modell finden Cash Flows dann nur noch zu den Zeitpunkten der Rechnungslegung statt.

4.5 Liquiditätsrechnung

Die Sicherung der Liquidität stellt zugleich eines der zentralen Aufgaben des **Working Capital Managements** dar. Im Rahmen des Business Planning kann hierfür eine separate Liquiditätsrechnung für das erste Jahr erstellt werden. Da sich Plan-Bilanzen nur auf Zeitpunkte beziehen, ist es durchaus möglich, dass die Unternehmen zu diesen Zeitpunkten liquide sind. Ob dies aber auch während der gesamten dazwischenliegenden Periode der Fall war, ist nicht ersichtlich. Auch die Gewinn- und Verlustrechnung liefert hier keinen Aufschluss, weil die Werte der GuV akkumuliert für den Zeitraum angegeben sind.

Die folgende Abbildung zeigt beispielhaft den Aufbau einer Liquiditätsrechnung:

Woche	T=1	T=2	T=3	T=4	...
freie Kreditlinien (eingeräumte Bankkredite - beanspruchte Bankkredite)					
vorhandene liquide Mittel (Bankguthaben, Postscheckguthaben, Schecks)					
= Bruttoverfügungsrahmen (freie Kreditlinien + Liquide Mittel)					
erwartete Einzahlungen					
- erwartete Auszahlungen Löhne, Gehälter, soziale Leistungen, Steuern, fällige Rechnungen etc.					
Einzahlungsüberschuss (Einzahlungen – Auszahlungen)					
= Über- / Unterdeckung (Bruttoverfügungsrahmen + Einzahlungsüberschuss)					

Abb. 4.5 Liquiditätsplanung

Merke

Die **Liquiditätsplanung** stellt im Rahmen des Business Plans sicher, dass von vorne herein eine **ausreichende Finanzierung**, d.h. Mittel in ausreichender Höhe, für den Business Case eingeworben werden.

Übungsaufgabe 4.9

Erläutern Sie anhand des Fallbeispiels der JV GmbH, wie es zu Liquiditätsproblemen kommen könnte. Argumentieren Sie hierzu mit unterschiedlichen Zahlungszielen.

Woche	T=1	T=2	T=3	T=4	...
freie Kreditlinien (eingeräumte Bankkredite - beanspruchte Bankkredite)					
vorhandene liquide Mittel (Bankguthaben, Postscheckguthaben, Schecks)					
= **Bruttoverfügungsrahmen** (freie Kreditlinien + Liquide Mittel)					
erwartete Einzahlungen					
- erwartete Auszahlungen Löhne, Gehälter, soziale Leistungen, Steuern, fällige Rechnungen etc.					
Einzahlungsüberschuss (Einzahlungen – Auszahlungen)					
= **Über- / Unterdeckung** (Bruttoverfügungsrahmen + Einzahlungsüberschuss)					

4.6 Risikobewertung

Die Auseinandersetzung mit den Risiken eines Vorhabens stellt einen der schwierigsten Punkte innerhalb eines Business Planes dar. Eine Überbetonung mag Entscheider und Kapitalgeber abschrecken. Eine zu geringe Beachtung oder gar Nicht-Berücksichtigung kann zu großem Misstrauen führen. Auch stellt sich stets die Frage der richtigen Platzierung innerhalb einer schriftlichen Ausarbeitung, aber auch innerhalb einer Präsentation. Beendet man beides mit eher negativen Botschaften, muss befürchtet werden, dass sich diese besonders stark im Gedächtnis der Entscheider festsetzen. Kommt man nicht selber zu dem Schluss, dass ein Business Case aufgrund der Risiken beerdigt werden sollte, sollten Argumente gesammelt werden, die die Risiken entkräften, beherrschbar machen und Lösungsansätze aufzeigen. Man sollte als Ersteller des Business Plans allerdings stets beachten, dass der Entscheider meist noch düsterere Szenarien malen wird und sich darauf entsprechend vorbereiten.

> **Merke**
>
> Die Auseinandersetzung mit den **Risiken eines Business Cases** ist Grundbestandteil eines guten Business Plans. Es ist in aller Regel besser, offen mit Risiken umzugehen und bereits Lösungsansätze zu präsentieren, als diese zu verschweigen.

4.6.1 Szenario-Analysen

Szenario-Analysen stellen eine gängige Vorgehensweise bei der Evaluierung von Projekten dar. Aufgrund der heutigen Möglichkeiten mit Hilfe von Computern stellt das Betrachten unterschiedlicher Konstellationen kein Problem mehr dar. In der Praxis werden im Sinne einer Modellierung sehr viele unterschiedliche Konstellationen durchgerechnet. Erst im Zuge der Kommunikation und Präsentation beschränkt sich der Ersteller auf einige wenige Szenarien. In der Literatur findet man hier meist die Beschränkung auf drei Fälle, die dann als „base-case", „best-case" und „worst-case" Szenarien bezeichnet werden. Der Modellierer sollte sich dabei, wenn möglich, auf aussagekräftige Szenarien konzentrieren. Bei dem „best-case"-Szenario kann beispielsweise die maximale Auslastung der Produktionsstätten angenommen werden, beim „worst-case"-Szenario ein Fall, bei dem der Kapitalwert negativ wird, so dass das „worst-case"-Szenario gleichsam einen „break-even"-Punkt markiert.

> **Merke**
>
> Die Vorstellung unterschiedlicher Szenarien macht für einen Entscheider nur Sinn, wenn er daraus Rückschlüsse auf die Umsetzung des Vorhabens ziehen kann.

4.6.2 Break-even Analyse

Im Rahmen von Break-even Analysen aus der Kostenrechnung werden Kosten zunächst in fixe und variable Kosten aufgeteilt. Fixe Kosten entstehen unabhängig vom generierten Umsatz, variable Kosten dagegen sind an die Produktions- und Absatzmenge gebunden.

Für die Analyse werden die Umsatzerlöse, also Anzahl verkaufte Produkte mal Preis, den damit verbundenen Kosten, also fixe Kosten plus Anzahl verkaufte Produkte mal variable Kosten pro Einheit, gegenüber gestellt. Sind beide gleich, so spricht man von der Break-even Absatzmenge.

Merke

Break-even Analysen ergänzen die Cash Flow Betrachtungen und plausibilisieren die Ergebnisse.

4.6.3 Sonstige Methoden

Im Rahmen der Investitionsrechnung findet man weitere Methoden für eine verfeinerte Bewertung von Investitionsvorhaben:

- Entscheidungsbäume
- Monte-Carlo-Simulationen

Vereinfacht ausgedrückt, ist das Ziel beider Techniken, eine Wahrscheinlichkeit für das Scheitern des Projekts zu bestimmen. Für einen einfachen Business Plan sind diese Methoden meist zu komplex. Auch erfordern sie grundsätzlich ein vertieftes Verständnis der Methodik, was bei inhomogener Zusammensetzung eines Entscheidungsgremiums selten der Fall ist. Schließlich müssen viele Annahmen getroffen werden, die in einem eher frühen Stadium der Umsetzung eines Vorhabens meist kaum sinnvoll möglich sind.

Merke

Ein guter Business Plan achtet auch auf Verständlichkeit. Komplexe Modelle sollten so dargestellt werden, dass auch Nicht-Fachleute den Nutzen des Modells nachvollziehen können.

4.7 Exkurs

Im Folgenden wollen wir Themen vertiefen, die das Verständnis der finanziellen Aspekte eines Business Plans erleichtern.

4.7.1 Kennzahlen aus der Bilanz- und GuV-Analyse

Wir wollen hier kurz einen Überblick über die gängigsten Kennzahlen der Bilanz- und GuV-Analyse geben. Es ist wenig sinnvoll, an dieser Stelle allgemein gültige Größenkorridore für Business Case Modelle vorzugeben. Ein paar grundsätzliche Anmerkungen sind allerdings möglich:

[1] Es sollten nur wenige Kennzahlen als Nebenbedingungen verwendet werden, um unnötige Komplexität zu vermeiden.
[2] Für ausgewählte Kennzahlen sollten, falls möglich, Vergleichszahlen der Konkurrenz ermittelt werden.
[3] Anschließend sollten für das eigene Modell Größenkorridore definiert werden.
[4] Zu große Veränderungen der Kennzahlen sollten entweder vermieden werden oder klar begründbar sein.
[5] Als Ersteller eines Business Plans sollte man die Definition verwendeter Kennzahlen kennen und sie sinnvoll interpretieren können.
[6] Vermeiden Sie einen Datenfriedhof!

Für die Kapitalstruktur eines Unternehmens werden folgende Kennzahlen verwendet:

- Eigenkapitalanteil: $\dfrac{\text{Eigenkapital}}{\text{Gesamtkapital}}$

- Fremdkapitalanteil: $\dfrac{\text{Fremdkapital}}{\text{Gesamtkapital}}$

- Verschuldungsgrad: $\dfrac{\text{Fremdkapital}}{\text{Eigenkapital}}$

Zur Messung der finanziellen Stabilität werden zumeist die Deckungsgrade verwendet. Die Idee ist, dass langfristige Anlagen (Anlagevermögen) auch langfristig finanziert werden sollten, um kurzfristige Refinanzierungen zu vermeiden. Das langfristige Fremdkapital der Definition des Deckungsgrades II sollte hier im Gegensatz zu unserer sonstigen Vorgehensweise eine deutlich längere Laufzeit haben als ein Jahr.

- Deckungsgrad I: $\dfrac{\text{Eigenkapital}}{\text{Anlagevermögen}}$

- Deckungsgrad II: $\dfrac{\text{Eigenkapital} + \text{langfr. Fremdkapital}}{\text{Anlagevermögen}}$

Ergänzend zu einer detaillierten Liquiditätsplanung können Liquiditätsgrade für eine grobe Liquiditätsabschätzung verwendet werden. Hierzu wird das Umlaufvermögen (bzw. Teile davon) den kurzfristigen Verbindlichkeiten gegenübergestellt.

- Liquiditätsgrad I: $\dfrac{\text{Zahlungsmittel}}{\text{kurzfr. Verbindlichkeiten}}$

- Liquiditätsgrad II: $\dfrac{\text{Zahlungsmittel} + \text{kurzfr. Forderungen}}{\text{kurzfr. Verbindlichkeiten}}$

- Liquiditätsgrad III: $\dfrac{\text{Zahlungsmittel} + \text{kurzfr. Forderungen} + \text{Vorräte}}{\text{kurzfr. Verbindlichkeiten}}$

Debitoren- und Kreditorenziele beschreiben durchschnittlich gewährte und erhaltene Zahlungsziele. Gemeinsam mit der Lagerdauer können diese Informationen verwendet werden um die Größen Verbindlichkeiten aus Lieferung und Leistung, Forderungen und Vorräte für die Plan-Bilanzen abzuschätzen, wobei meist 360 oder 365 Tage als Basis für die Berechnungen herangezogen werden:

- Debitorenziel: $\dfrac{\text{Durchschnittl. Bestand an Forderungen pro Jahr}}{\text{Umsatz pro Tag}}$

- Kreditorenziel: $\dfrac{\text{Durchschnittl. Bestand an Verbindlichkeiten pro Jahr}}{\text{Umsatz pro Tag}}$

- Lagerdauer: $\dfrac{\text{Durchschnittl. Lagerbestand}}{\text{Materialaufwendungen pro Tag}}$

Beispiel

a) Die Lagerdauer oder besser Verbleibdauer eines Produkts sei mit 36 Tagen geschätzt, die Gesamtmaterialkosten seien 1.000.000 €, so können hieraus 100.000 € für die durchschnittlichen Vorräte abgeleitet werden. Sie stellen gleichsam 10% der Materialkosten dar, ebenso wie 36 Tage 10% eines Jahres entsprechen.

b) Gewährt man als Unternehmen im Durchschnitt ein Zahlungsziel von 10 Tagen, so sind 10/360 = 2,77 % des Umsatzes als Forderungen auszuweisen. Natürlich kann man auch mit 365 Tagen rechnen.

Weitere Kennzahlen der GuV-Analyse dienen der Erfolgsmessung. Bitte beachten Sie, dass es sich hierbei um jährliche (bzw. periodenweise) Erfolgsmessungen handelt, die Kriterien Kapitalwert und interner Zins hingegen bewerten eine durchschnittliche Rendite über einen gesamten Projektionszeitraum.

- Umsatzrentabilität: $\dfrac{\text{Gewinn}}{\text{Umsatz}}$

- Eigenkapitalrendite: $\dfrac{\text{Gewinn}}{\text{Eigenkapital}}$

- Gesamtkapitalrendite (ROI): $\dfrac{\text{Gewinn} + \text{Zinsaufwendungen}}{\text{Gesamtkapital}}$

Merke

Kennzahlen aus der Bilanz- und GuV-Analyse können das Bild der Finanzanalyse abrunden. Es sollte darauf geachtet werden, dass die Kennzahlen mit einer klaren Botschaft verbunden sind und der Nutzen ersichtlich ist.

4.7.2 Terminal Value

Der Terminal Value oder Restwert beschreibt in einem Business Case den Wert des Vorhabens zum Ende der Projektionsdauer. Je kürzer die Projektionsdauer desto größer der Einfluss des Terminal Values auf die Bewertung. Wir haben hier bisher eine sehr vereinfachte aber konservative Vorgehensweise aufgezeigt, indem wir eine Art Liquidation des Unternehmens bzw. des Projektes zu Buchwerten unterstellt haben.

Gerade auch im Rahmen von Unternehmensbewertungen wird hingegen oft von einer Fortführung des Unternehmens ausgegangen, die sogenannte Going-Concern Annahme. Der Wert des Unternehmens fällt damit selbstverständlich höher aus, auch ein Projekt wird dadurch günstiger bewertet. Wir wollen uns hier auf einen Ansatz beschränken, nämlich der Fortschreibung des letzten Cash Flows anhand einer konservativen Wachstumsrate. Der Terminal Value im Jahr n ergibt sich dann zu:

$$Terminal\ Value = \frac{Cash\ Flow \times (1 + g)}{i - g}$$

Es handelt sich hierbei um eine ewige Rente mit konstanter Wachstumsrate, häufig auch als Gordon Growth Modell bezeichnet, wobei *i* den Diskontierungsfaktor bezeichnet und *g* die Wachstumsrate. Es ist leicht ersichtlich, dass *g* kleiner als *i* sein sollte.

Beispiel

Wir greifen wieder das Beispiel aus Kapitel 4.1.1 auf und berechnen den Kapitalwert unter Annahme einer konstanten Wachstumsrate von $g = 3\%$ des letzten Cash Flows aus Jahr 05. Wir verwenden hierzu den Free Cash Flows to Firm mit $i = 15\%$.

Free Cash Flow To Firm	Jahr 01	Jahr 02	Jahr 03	Jahr 04	Jahr 05
EBIT	0	+ 100	+ 400	+ 1.200	+ 1.300
+ Abschreibung	0	+ 500	+ 500	+ 500	+ 500
- Steuern	0	0	- 150	- 550	- 600
+ Operativer Cash Flow	+ 0	+ 600	+ 750	+ 1.150	+ 1.200
- Investition AV	- 2.500	- 500	- 500	- 500	- 500
- Zunahme Working Capital	- 200	- 400	- 200	- 100	- 100
Free Cash Flow	- 2.700	- 300	+ 50	+ 550	+ 600

$$Terminal\ Value = \frac{Cash\ Flow \times (1+g)}{i-g} = \frac{600 \times (1+3\%)}{15\% - 3\%} = 5.150$$

$$NPV = -2700 + \frac{-300}{(1+i)^1} + \frac{50}{(1+i)^2} + \frac{550}{(1+i)^3} + \frac{600}{(1+i)^4} + \frac{Terminal\ Value}{(1+i)^4} = 726{,}15$$

Bitte beachten Sie, dass ein Beispiel ausgewählt wurde mit fortlaufenden Investitionen in das Anlagevermögen, damit die Annahme eines Going-Concern berechtigt und sinnvoll ist.

4.7.3 Free Cash Flows

Alternativ zu der in Kapitel 4.2.2 gegebenen Definition des Free Cash Flows kann dieser auch ohne den Steuervorteil der Fremdfinanzierung angegeben werden.

Die Definition lautet dann wie folgt (mit T = relevanter Steuersatz des Unternehmens):

Free Cash Flow to Firm **(2)**   = Operativer Cash Flow
  - Investition Anlagevermögen
  - Zunahme Working Capital

wobei:
Operativer Cash Flow = EBIT – Steuern auf EBIT + Rückstellungen + Abschreibungen

$$= (1-T) \times EBIT + Rückstellungen + Abschreibungen$$

Investition in Anlagevermögen = Endbestand AV - Anfangsbestand AV + Abschreibung

Zunahme Working Capital = Endbestand Working Capital - Anfangsbestand Working Capital
(mit Working Capital gemäß **Definition 2**)

Beim **Free Cash Flow to Equity** muss dann berücksichtigt werden, dass nur die Zinsen nach Steuern vom Free Cash Flow to Firm abgezogen werden dürfen:

Free Cash Flow to Equity **(2)** = **Free Cash Flow** to Firm **(2)**
+ Zunahme lfr. FK
– Zinszahlungen * (1-T)

Beispiel

Wir greifen auch hier das Beispiel aus Kapitel 4.1.1 auf und berechnen die Free Cash Flows gemäß obiger Definition. Eine Änderung ergibt sich nur bei der Steuerberücksichtigung:

Free Cash Flow To Firm	Jahr 01	Jahr 02	Jahr 03	Jahr 04	Jahr 05
EBIT	0	0	+ 400	+ 900	+ 1.300
- Steuern auf EBIT	0	0	- 200	- 450	- 650
+ Abschreibung	0	+ 500	+ 500	+ 500	+ 500
+ Operativer Cash Flow	+ 0	+ 500	+ 700	+ 950	+ 1.150
- Investition AV	- 2.500	- 200	- 300	+ 500	+ 500
- Zunahme Working Capital	- 200	+ 600	- 200	+ 100	- 300
Free Cash Flow	- 2.700	+ 900	+ 200	+ 1.550	+ 1.350

Free Cash Flow To Equity	Jahr 01	Jahr 02	Jahr 03	Jahr 04	Jahr 05
Free Cash Flow To Firm	- 2.700	+ 900	+ 200	+ 1.550	+ 1.350
+ FK-Zunahme	+ 2.000	- 1.000	+ 0	+ 0	- 1.000
- Zinszahlungen × (1 – T)		- 200 (!)	- 50	- 50	- 50
Free Cash Flow	- 700	- 300	+ 150	+ 1.500	+ 300

Bitte beachten Sie, dass in Jahr 02 keine Steuerersparnis durch die Zinszahlungen erfolgte, weil das zu versteuernde Einkommen negativ war.

Während der Cash Flow to Equity somit unverändert bleibt, sollte nun bei der Bewertung des Free Cash Flows to Firm (2) allerdings auch eine angepasste Benchmark-Rendite verwendet werden. Hierzu wird bei der Bestimmung des WACC der Steuervorteil für das Fremdkapital mit eingerechnet:

$$WACC = \frac{1}{3} \times 25\% + \frac{2}{3} \times 10\% \times (1 - T) = 11{,}67\%$$

Das Ergebnis verbessert sich deutlich: NPV = 247,53 (im Vergleich zu 124,13 bei Verwendung des Free Cash Flow to Firm (1) und einem WACC von 15%), was unter anderem daran liegt, dass bei dieser vereinfachten Vorgehensweise nicht berücksichtigt wurde, dass in Jahr 02 das Fremdkapital deutlich reduziert wird und sich damit das Verhältnis von Eigen- zu Fremdkapital deutlich verändert.

> **Merke**
>
> Werden bei der Definition des **Free Cash Flows to Firm** die Steuern auf das EBIT berechnet, werden kalkulatorisch höhere Steuern berücksichtigt. Dies führt zu geringeren Cash Flows. Für die unternehmensindividuelle Bewertung sollte der Steuervorteil dann allerdings wieder berücksichtigt werden, indem man bei der Berechnung des WACC den Steuervorteil (Tax Shield) einkalkuliert.

Bemerkung: Der Case der XY AG in Kapitel 4.4.2 entspricht diesem Ansatz, weil die Zinsaufwendungen hier grundsätzlich nicht bekannt sind und deshalb auch nicht in die Steuerberechnung eingehen konnten. Gemäß der hier gemachten Erläuterungen sollte der WACC für die XY AG demnach den Tax Shield einkalkuliert haben.

4.8 Lösungen zu ausgewählten Übungsaufgaben

Übungsaufgabe 4.1

Gegeben ist folgende Gewinn- und Verlustrechnung eines Unternehmens. Modellieren Sie die fehlenden Positionen in der Bilanz. Welche Annahmen haben Sie getroffen?

Es sind viele Modellierungen möglich, insbesondere weil keine Angaben zu weiteren Finanzierungen gemacht wurden.

Beispiel:

Bilanz	Jahr 01	Jahr 02	Jahr 03	Jahr 04	Jahr 05
Anlagevermögen	20.000	16.000	12.000	8.000	4.000
Vorräte	4.000	5.000	6.000	7.000	7.000
Forderungen	0	1.000	1.500	2.000	2.000
liquide Mittel	2.000	4.000	7.000	10.500	15.000
Summe Umlaufvermögen	6.000	10.000	14.500	19.500	24.000
Summe Aktiva	**26.000**	**26.000**	**26.500**	**27.500**	**28.000**
Eingezahltes EK	10.000	10.000	10.000	10.000	10.000
Rücklagen		0	500	1.500	2.000
lfr. Verbindlichkeiten	13.000	13.000	13.000	13.000	13.000
kfr. Verbindlichkeiten	3.000	3.000	3.000	3.000	3.000
Summe Passiva	**26.000**	**26.000**	**26.500**	**27.500**	**28.000**

Übungsaufgabe 4.2

Gegeben seien folgende Projektionen der Bilanz und der Gewinn- und Verlustrechnung eines Unternehmens. Bestimmen Sie hieraus die Kapitalflussrechnung.

Kapitalflussrechnung	Jahr 01	Jahr 02	Jahr 03	Jahr 04	Jahr 05
GuV-Gewinn	0	0	500	1.000	1.000
+ Abschreibungen	+0	+4.000	+4.000	+4.000	+4.000
./. Zunahme UV ohne LM	-4.000	-2.000	-1.500	-1.500	-0
+ Zunahme kfr. Verb. LuL	+0	+0	+0	+0	+0
(1) Cash Flow aus lfd. Geschäftstätigkeit	**-4.000**	**+2.000**	**+3.000**	**+3.500**	**+5.000**
(2) Cash Flow aus Investitionstätigkeit	-20.000	0	0	0	0

Zunahme EK	+10.000	+0	+0	+0	+0
-Dividenden	-0	-0	-0	-0	-500
+Zunahme lfr. FK	+13.000	+0	+0	+0	+0
+Zunahme kfr. FK (Bank)	+3.000	+0	+0	+0	+0
(3) Cash Flow aus Finanzierung	+26.000	+0	+0	+0	+0
Gesamt Cash Flow Summe (1) + (2) + (3)	**+2.000**	**+2.000**	**+3.000**	**+3.500**	**+4.500**

Übungsaufgabe 4.3

> Verwenden Sie die Projektionen der Bilanz und der Gewinn- und Verlustrechnung aus der Übungsaufgabe 4.2. Bestimmen Sie hieraus die Cash Flow Identität.

Wir bestimmen zunächst das Working Capital für jedes Jahr und ermitteln so dessen jährliche Veränderung:

Working Capital	Jahr 01	Jahr 02	Jahr 03	Jahr 04	Jahr 05
Umlaufvermögen	6.000	10.000	14.500	19.500	24.000
- kfr. Verbindlichkeiten	-3.000	-3.000	-3.000	-3.000	-3.000
= Working Capital	+3.000	+7.000	+11.500	+16.500	+21.000
Differenz zum Vorjahr	+3.000	+4.000	+4.500	+5.000	+4.500

Daraus ergibt sich dann nachfolgende Cash Flow Identität:

Cash Flow von Aktiva	Jahr 01	Jahr 02	Jahr 03	Jahr 04	Jahr 05
EBIT	0	1.000	+2.000	+3.000	+3.000
+ Abschreibung	0	+4.000	+4.000	+4.000	+4.000
- Steuern	0	0	-500	-1.000	-1.000
= Operativer Cash Flow	+0	+5.000	+5.500	+6.000	+6.000
- Investition AV	-20.000	-0	-0	-0	-0
- Zunahme Working Capital	-3.000	-4.000	-4.500	-5.000	+4.500
Cash Flow	-23.000	+1.000	+1.000	+1.000	+1.500

Cash Flow nach FK	Jahr 01	Jahr 02	Jahr 03	Jahr 04	Jahr 05
- Zunahme lfr. FK	- 13000	- 0	- 0	- 0	- 0
+ Zinszahlungen	+ 0	+ 1.000	+ 1.000	+ 1.000	+ 1.000
Cash Flow	- 13000	+ 1.000	+ 1.000	+ 1.000	+ 1.000

Cash Flow nach EK	Jahr 01	Jahr 02	Jahr 03	Jahr 04	Jahr 05
- Zunahme EK	- 10.000	- 0	- 0	- 0	- 0
+ Dividenden	+ 0	+ 0	+ 0	+ 0	+ 500
Cash Flow	- 10.000	+ 0	+ 0	+ 0	+ 500

Übungsaufgabe 4.4

Verwenden Sie wieder die Projektionen der Bilanz und der Gewinn- und Verlustrechnung aus der Übungsaufgabe 4.2. Bestimmen Sie hieraus nun die Free Cash Flows.

Wir bestimmen zunächst das Working Capital für jedes Jahr und ermitteln so dessen jährliche Veränderung:

Working Capital	Jahr 01	Jahr 02	Jahr 03	Jahr 04	Jahr 05
Umlaufvermögen ohne LM	4.000	8.000	9.500	11.000	11.000
- kfr. Verbindlichkeiten LuL	-1.000	- 1.500	- 2.000	- 2.000	- 2.000
= Working Capital	+ 3.000	+ 6.500	+ 7.500	+ 9.000	+ 9.000
Differenz zum Vorjahr	+ 3.000	+ 3.500	+ 1.000	+ 1.500	+ 0

Daraus ergeben sich folgende Free Cash Flows:

Free Cash Flow To Firm	Jahr 01	Jahr 02	Jahr 03	Jahr 04	Jahr 05
EBIT	0	1.000	+ 2.000	+ 3.000	+ 3.000
+ Abschreibung	0	+ 4.000	+ 4.000	+ 4.000	+ 4.000
- Steuern	0	0	- 500	- 1.000	- 1.000
+ Operativer Cash Flow	+ 0	+ 5.000	+ 5.500	+ 6.000	+ 6.000
- Investition AV	- 20.000	- 0	- 0	- 0	+ 0
- Zunahme Working Capital	- 3.000	- 3.500	- 1.000	- 1.500	+ 0
Free Cash Flow	**- 23.000**	**+ 1.500**	**+ 4.500**	**+ 4.500**	**+ 6.000**

Free Cash Flow To Equity	Jahr 01	Jahr 02	Jahr 03	Jahr 04	Jahr 05
EBIT	0	1.000	2.000	3.000	3.000
+ Abschreibungen	+ 0	+ 4.000	+ 4.000	+ 4.000	+ 4.000
+ Rückstellungen	+ 0	+ 0	+ 0	+ 0	+ 0
+ FK-Zunahme	+ 13.000				
– Zinszahlungen		- 1.000	- 1.000	- 1.000	- 1.000
– Steuern	- 0	- 0	- 500	- 1.000	- 1.000
– Investition in AV	- 20.000	- 0	- 0	- 0	- 0
– Zunahme Working Capital	- 3.000	- 3.500	- 1.000	- 1.500	- 0
Free Cash Flow	**- 10.000**	**+ 500**	**+ 3.500**	**+ 3.500**	**+ 5.000**

Schritt 5: Schlussbetrachtung

Lernziele

Im letzten Kapitel werden die abschließenden Inhalte des Business Plans vorgestellt und Aspekte einer systematischen Überprüfung aufgezeigt. Eine Liste häufiger Fehler rundet das Kapitel ab.

5.1 Was man nicht vergessen sollte!

Meist müssen Business Pläne unter großem zeitlichem Druck erstellt werden. Viele Informationen werden zusammengetragen und schließlich in Form eines schriftlichen Dokuments oder als Foliensatz zusammengefasst. Hierzu müssen inhaltliche Prioritäten gesetzt werden und eine konsistente Storyline sichergestellt sein. Der zeitliche Druck und die beschriebene Komplexität führen leider oftmals dazu, dass die letzten Schritte zu kurz kommen. Diese sind die Erstellung eines vollständigen und aussagekräftigen Anhangs und die systematische finale Prüfung der erstellten Dokumentation.

5.1.1 Anhang

Bei der Bewertung von Business Plänen stehen Inhalte selbstverständlich im Vordergrund. Der Ersteller ist allerdings gut beraten, auch bei der Bearbeitung des Anhangs große Sorgfalt walten zu lassen. Hierzu können gehören:

- **Quellenangabe von verwendeten Statistiken und Abbildungen**
  Achten Sie darauf, dass Sie alle wichtigen Aussagen belegen können.

- **Literaturhinweise**
  Hinweise auf zusätzliche Literatur können zu Unterstützung der Storyline des Vorhabens gegeben werden. Im Wesentlichen unterstreicht die Angabe

zusätzlicher Literatur, dass sich der Ersteller intensiv mit allen denkbaren Aspekten seines Business Cases auseinandergesetzt hat.

- **Zusätzliche Kalkulationen**

    Hier bieten sich zunächst diejenigen Detailrechnungen an, die den Rahmen des Kerndokuments oder einer Präsentation überschreiten würden. Darüber hinaus können Best- und Worst-Case-Szenarien aufgenommen werden. Die Anzahl der im Dokument aufgeführten Szenarien sollte jedoch gering gehalten werden und nicht in einem Zahlenfriedhof enden.

- **Ergänzende fachliche Ausführungen**

    Fachliche Ergänzungen, die Nicht-Spezialisten überfordern würden, sollten dem Anhang zugeführt werden.

- **Backup Folien (bei Präsentationen)**

    Orientieren Sie sich an den möglichen Inhalten eines Business Plans und stellen Sie sicher, dass Sie auch bei Backup Folien alle Informationen erläutern können.

Die Qualität des Anhangs wird oftmals als Indikator verwendet für die Ernsthaftigkeit eines Vorhabens und die grundsätzliche Sorgfalt mit der der Ersteller an die Bearbeitung einer Aufgabe herangeht.

> **Merke**
>
> Erfahrene Beurteiler von Business Plänen überprüfen die Sorgfalt eines Business Plans und die Ernsthaftigkeit eines Vorhabens auch anhand der Vollständigkeit und Aussagekraft eines Anhangs, indem stichprobenhaft einzelne Punkte überprüft werden.

5.1.2 Finale Prüfung

Bevor ein Business Plan präsentiert oder in schriftlicher Form weitergegeben wird, ist eine finale Prüfung dringend notwendig. Was im Grunde nach einer Selbstverständlichkeit klingt, wird in praxi häufig nicht eingehalten. Die Gründe sind zumeist, dass der Business Plan in letzter Sekunde fertig wird und dass der Ersteller nach intensiver Arbeit keine Motivation mehr hat für diese letzte Überprüfung. Zu empfehlen ist eine schrittweise Vorgehensweise bei der spezifische Aspekte abgefragt werden:

- Überprüfen Sie das komplette Dokument auf Komma- und Rechtschreibfehler.

- Achten Sie darauf, dass alle notwendigen Inhalte vorhanden sind und bearbeitet wurden.
- Überprüfen Sie, ob der rote Faden Ihrer Story erkennbar ist.
- Hinterfragen Sie die Konsistenz Ihrer Annahmen und den daraus gezogenen Schlussfolgerungen und Handlungsempfehlungen.
- Bereiten Sie eine Liste möglicher Fragen vor und überprüfen Sie, ob diese durch den Business Plan beantwortet werden.

Merke

Planen Sie die finale Prüfung explizit ein und reservieren Sie hierzu, falls möglich, einen zusätzlichen Tag. Die finale Prüfung sollte stets nach einer ausreichenden Pause erfolgen und systematisch durchgeführt werden.

5.2 NoGos

- Machen Sie keine Aussagen ohne Quellen oder nachvollziehbare Begründung, vermeiden Sie unsubstantiierte oder widersprüchliche Annahmen.
- Vernachlässigen Sie nicht die Marktanalyse und stellen Sie sicher, dass sich die Ergebnisse im Finanzteil wiederfinden.
- Vergessen Sie insbesondere keine bereits aktiven oder potenziell bedrohlichen Wettbewerber bei der Marktanalyse und der Schätzung Ihrer Marktanteils- und Umsatzentwicklung, insbesondere wenn die Eintrittsbarrieren für Dritte niedrig sind.
- Denken Sie dabei auch an mögliche margenwirksame Preiskämpfe, die Ihr Markeintritt zur Folge haben könnte.
- Vermeiden Sie einen beliebigen Marketing-Mix, analysieren Sie sorgfältig, welche Maßnahmen für Ihr Unternehmen oder Projekt am besten geeignet sind und fokussieren Sie Ihren Ansatz dementsprechend.
- Achten Sie darauf, dass im Finanzteil keine offensichtlichen Fehler vorliegen.
- Insbesondere junge Unternehmen weisen anfangs sehr hohe Wachstumsraten auf, die aber nicht endlos fortgeschrieben dürfen, (Sehr) langfristig sollte das Unternehmenswachstum maximal dem Wachstum des Bruttosozialprodukts entsprechen.
- International tätige Unternehmen mit Tochtergesellschaften sollten regionale Unterschiede berücksichtigen, unter anderem bei Kundenpräferenzen,

- aber auch hinsichtlich der lokalen Arbeitsmärkte, Steuersystem und anderer relevanter Faktoren.
- Stark wachsende Unternehmen dürfen nicht den wachsenden Personal- und Raumbedarf (für Büros und Produktion) ignorieren.
- Viele Kostenpositionen entwickeln sich proportional zum Umsatz (z.B. Materialeinsatz), die jeweiligen Wachstumsraten sollten daher nicht divergieren.
- Allgemeine Preissteigerungen und spezielle Entwicklungen (z.B. bei Lohnkosten) sollten berücksichtigt werden.
- Stellen Sie sicher, dass das Vorhaben mit ausreichender Liquidität versorgt ist und entsprechend wesentliche zu erwartende Liquiditätseffekte (z.B. Investitionen, Working Capital-Veränderungen) bei der Planung berücksichtigt werden.
- Achten sie darauf, dass die Kapitalkosten (für Fremd- und Eigenkapital) realistisch geschätzt werden und auch das Risiko eines Kapitalgebers angemessen reflektieren.
- Stellen Sie sicher, dass der Investitionsplan, die Abschreibungen und die Entwicklung des Anlagevermögens abstimmbar sind.
- Die geplante Kapitalstruktur (insbesondere die Eigenkapitalquote) sollte auch noch nach mehreren Jahren passen, oft kommt es entweder zu zusätzlichem Kapitalbedarf oder zu Überschüssen, welche ggfs. ausgeschüttet werden sollten.
- Vergessen Sie in der Planung der Unternehmenssteuern nicht die möglichen steuerlichen Verlustvorträge, die sich in einer verlustreichen Anlaufphase aufbauen können.
- Ignorieren Sie kritische Aspekte nicht, sondern bereiten Sie Lösungsansätze und Handlungsoptionen vor.

Bei Präsentationen gilt zusätzlich:

- Bleiben Sie aufmerksam und beobachten Sie die Teilnehmer, auch wenn Sie gerade nicht sprechen.
- Jede Frage muss ernst genommen werden.
- Vergessen Sie das Handout nicht.

Literaturhinweise

Becker, J.: Marketing-Konzeption, Grundlagen des ziel-strategischen und operativen Marketing-Managements, 10.Auflage, München 2013

Ernst, D./Häcker, J.: Applied International Corporate Finance, 2. Auflage, München 2011

Gansser, O./Krol, B. (Hrsg.): Moderne Methoden der Marktforschung, Kunden besser verstehen, Wiesbaden 2017

Hiller, D./Clacher, I./Ross, S./Westerfield, R./Bradford, J.: Fundamentals of Corporate Finance, 2. Auflage, New York 2014

Kuß, A./Wildner, R./Kreis, H.: Marktforschung, Grundlagen der Datenerhebung und Datenanalyse, 5. Auflage, Wiesbaden 2014

Nagl, A.: Der Businessplan, Geschäftspläne professionell erstellen, Mit Checklisten und Fallbeispielen, 8. Auflage, Wiesbaden 2015

Vahs, D.: Organisation, 9. Auflage, Stuttgart 2015

Vahs, D./ Brem, A.: Innovationsmanagement, Von der Idee zur erfolgreichen Vermarktung, 5. Auflage, Stuttgart 2015

Vogelsang, E./Fink, C./Baumann, M.: Existenzgründung und Businessplan, Ein Leitfaden für erfolgreiche Start-ups, 4. Auflage, Berlin 2016

Winkelmann, P.: Marketing und Vertrieb, Fundamente für die Marktorientierte Unternehmensführung, 8. Auflage, München 2013

Glossar

Amortisationsdauer

Die Amortisationsdauer oder Kapitalwiedergewinnzeit (englisch: „Pack-Back-Period"), bezeichnet den Zeitraum, der benötigt wird, um das für eine Investition eingesetzte Kapital wieder zurückzubekommen.

Benchmark Rendite

Angestrebte Vergleichs- oder Mindestrendite für ein Projekt, zum Beispiel die allgemeine Renditevorgabe eines Konzerns oder die anderweitig für den Investor erreichbare Rendite.

Break-Even-Punkt

Moment, bei dem ein Projekt oder eine Investition die Kosten deckt und profitabel wird.

Budget

Geschäftsplanung für die nächsten Jahre, anhand derer der Unternehmenserfolg später gemessen werden kann.

Business Case

Untersuchung oder Darstellung eines bestimmten Geschäftsszenarios hinsichtlich der Rentabilität einer Investitionsmöglichkeit. Der Business Case dient zur Darstellung und Abwägung der prognostizierten finanziellen und strategischen Auswirkungen der Investition.

Business Plan

Geschäftsplan in Form eines ausführlichen schriftlichen Dokumentes, das eine Investitionsmöglichkeit sowie konkrete Maßnahmen beschreibt, die zu ergreifen sind, um diese Chance zu nutzen.

Cash Cows

„Zahlende Kühe" – Produkte, die bei geringem Wachstum aufgrund eines hohen Marktanteils einen positiven Cash Flow aufweisen.

Cash Flow (oder auch Cashflow)

Der Kapitalfluss ist eine wirtschaftliche Messgröße. Sie stellt den Nettozufluss liquider Mittel (= positiver Cash Flow) bzw. Nettoabfluss (= negativer Cash Flow) während einer Periode dar.

Cash Flow Identity

Die Cash Flow Identität besagt, dass jede Investition in Aktiva durch einen entsprechenden Kapitalfluss auf der Passivseite gedeckt sein muss.

Earnings before Interest and Taxes (EBIT)

Der EBIT beschreibt den Gewinn eines Unternehmens vor Steuern und Zinsen; wird auch als operativer Gewinn bezeichnet.

Executive Summary

Kurze Zusammenfassung der wichtigsten Ziele und Inhalte eines Business Plans für wichtige Entscheidungsträger.

Fact Book

Schriftliche Darstellung eines Unternehmens oder Investitionsvorhabens, in der Regel für Kapitalgeber erstellt.

Free Cash Flow

Der freie Cash Flow ermittelt den durch das Projekt generierten Zahlungsstrom, der entweder für weitere Investitionen oder für Rückzahlungen an die Eigen- und Fremdkapitalgeber zur Verfügung steht.

Garbage In – Garbage Out (GIGO)

GIGO bezeichnet ein Prinzip, das besagt, dass ein Finanzmodell nur so gut sein kann wie dessen zugrunde liegenden Annahmen. Wenn die Annahmen schlecht gewählt sind („Garbage" bzw. „Müll"), dann kann auch das Ergebnis nichts taugen.

GuV

Gewinn- und Verlustrechnung eines Unternehmens.

Informationsmemorandum

Schriftliche Darstellung eines Unternehmens oder Investitionsvorhabens, in der Regel für Kapitalgeber erstellt.

Internal Rate of Return (IRR)

Der IRR bezeichnet den „interner Zinssatz" eines Investitionsvorhabens, er wird häufig auch als Rendite einer Investition bezeichnet. Eine Investition ist dann vorteilhaft, falls die interne Rendite größer als eine vorgegebene Mindestverzinsung des eingesetzten Kapitals ist.

Joint Venture

„Gemeinsames Abenteuer", bezeichnet in der Regel eine Kooperation oder ein Gemeinschaftsprojekt zweier Unternehmen, ohne dass eine vollständige Fusion oder Übernahme erfolgt.

Management Summary

siehe Executive Summary

Mergers & Acquisitions

Fusionen und Übernahmen, bezeichnen den vollständigen rechtlichen und wirtschaftlichen Zusammenschluss von zwei Unternehmen.

Mezzanine-Kapital

Mezzanine (aus dem Italienischen für „Zwischenstock") bezeichnet Kapital, welches Eigen- und Fremdkapitalmerkmale aufweist und in seinem Risiko-Rendite-Profil deswegen zwischen diesen beiden „Standardkapitalquellen" liegt.

Net Present Value (NPV)

Der Kapitalwert (oder Barwert) einer Investition oder eines Investitionsprojekts, ermittelt durch Diskontierung und anschließende Addition der zukünftigen Zahlungsströme.

Net Working Capital

Das Netto-Umlaufvermögen bezeichnet im Unternehmen alle bilanziellen Vermögensgegenstände, die im Rahmen des Betriebsprozesses zur kurzfristigen Veräußerung, zum Verbrauch, zur Verarbeitung oder zur Rückzahlung bestimmt sind, abzüglich der kurzfristigen Verbindlichkeiten.

Question Marks

„Fragezeichen" sind Produkte eines Unternehmens mit geringem Marktanteil und hohem Wachstum, welche meist noch einen negativen Cash Flow generieren.

Pack-Back-Period

siehe Amortisationsdauer

Pitch Deck

Schriftliche Darstellung eines jungen Unternehmens („Start-up") oder Investitionsvorhabens, in der Regel für Kapitalgeber erstellt.

Pre-revenue

Pre-revenue bezeichnet die Phase, in der ein Unternehmen noch keine Umsätze erzielt, sich also am Anfang des „Start-up"-Prozesses befindet.

Pros und Cons

Systematische Zusammenstellung der wichtigsten Pro- und Contra-Argumente für oder gegen (z. B. eine Investition).

Poor Dogs

„Arme Hunde" bezeichnen Produkte ohne Wachstum und mit nur geringem Marktanteil.

Star

Ein „Stern" ist ein Produkt mit hohem Wachstum und hohem Markanteil.

Start-up

Ein frisch gestartetes, junges Unternehmen, welches über ein (vermeintlich) interessantes Geschäftskonzept verfügt, aber bisher noch keine oder geringe Umsätze erzielt.

SWOT-Analyse

Mit einer SWOT-Analyse werden die Stärken (Strenghts), Schwächen (Weaknesses), Chancen (Opportunities) und Risiken (Threats) eines etablierten Unternehmens oder eines Start-ups systematisch analysiert.

Success Story

Erfolgsgeschichte eines Unternehmens, kann auch zum Vergleich eines neuen Investitionsvorhabens herangezogen werden.

Terminal Value

Der Terminal Value oder Restwert beschreibt in einem Geschäftsplan den verbleibenden Wert eines Investitionsvorhabens zum Ende der Projektionsdauer, also ohne den separat ermittelten Barwert der Cash-flows während der Planungsperiode.

Thesaurierung

Bilanzieller Einbehalt eines erzielten Gewinnes.

Unique Selling Propositions (USP)

Eigenschaften, die ein Produkt oder ein Unternehmen einzigartig im Vergleich zum Wettbewerb machen. USPs ermöglichen häufig die Durchsetzung höherer Preise am Markt und führen damit zu größeren Barwerten eines Investitionsvorhabens.

Weighted Average Cost of Capital (WACC)

Der WACC bezeichnet den gewichteten Kapitalkostensatz eines Unternehmens. Er entspricht den tatsächlichen (auf Basis der Marktwerte oder der Bilanzanteile) gewogenen Kapitalkosten eines Unternehmens oder eines Investitionsvorhabens (Mix aus Eigen- und Fremdkapital) und deren jeweiligen (divergierenden) Kapitalkosten.

Stichwortverzeichnis

Anhang 29

Anlagevermögen 88

Ausstattungspolitik 83

BCG-Matrix 69

Benchmark 113

Benchmark-Rendite 114

Bilanz 86

Bilanzgleichung 90

Break-even Analyse 129

Cash Flow aus Finanzierungstätigkeit 94

Cash Flow aus Investitionstätigkeit 94

Cash Flow aus laufender Geschäftstätigkeit 94

Cash Flow Identität 99

Cash Flow nach Eigenkapital 100

Cash Flow nach Fremdkapital 100

Cash Flow Statement 86

Cash Flow von Aktiva 99

Cash Flows 85

Deckungsgrad 131

Distributions- und Vertriebsstrategie 74, 81

Dividendenpolitik 91

Dividendenzahlung 91

dynamische Amortisationsdauer 107, 112

Eigenkapital 91

Eigenkapitalquote 90

Eigenkapitalrendite 133

Entrepreneure 38

Entscheidungsbäume 130

Ersteller 31

Finanzierungsoptionen 56

Free Cash Flow 102

Free Cash Flow to Equity 103, 135

Free Cash Flow to Firm 103, 134

Free Cash Flows 99

Gesamtkapitalrendite 133

Gesamtkostenverfahren 89

Gewinn- und Verlustrechnung 86

Going-Concern 134

Gordon Growth Modell 133

Gründerteam 41

Hand-out 29

Innovationen 18

interner Zins 110

Investitionen 14

Investitionsrechnung 107

Joint Venture 54

Kapitalflussrechnung 86

Kapitalgeber 15, 31
Kapitalgesellschaft 49
Kapitalstruktur 131
Kapitalwert 109
Kapitalwertmethode 107
Kommunikationsstrategie 74, 79
kundenorientierte Geschäfts-
 prozesse 83
Lagerdauer 132
liquide Mittel 91
Liquidität 32
Liquiditätsgrad 131
Liquiditätsplanung 90
Liquiditätsrechnung 126
Make-or-Buy Entscheidungen 38
Management Summary 29, 37
Marketing-Mix 25, 59, 73
Marktanalyse 25, 60, 66
Marktanteil 67
Marktdefinition 61
Marktsegmentierung 63, 65
Mergers & Acquisitions 54
Methode des internen Zinses 107
Monte-Carlo-Simulationen 130
Neugründungen 20
Nutzenanalyse 26
Nutzwertanalyse 46
Personalpolitik 83
Personengesellschaft 49

Plan-Bilanz 85
Plan-GuV 85
Plan-Kapitalflussrechnung 94
Porters Five Forces 71
Preisstrategie 74, 77
Produktidee 40
Produktlebenszyklus 70
Produktstrategie 74, 75
Profitabilität 86
Projektbewertung 22
Projektplan 41
Rechtsform 48
Rentabilität 32
Restwert 133
Risikoanalyse 33
Risikobewertung 128
Risikotransfer 38
ROI 133
Segmentierung 61
Sicherheit 32
Stage-Gate-Prozess 18
Standort 43
Standortfaktoren 44
Start-ups 33
SWOT-Analyse 71
Szenario-Analysen 129
Terminal Value 133
Tochterunternehmen 21

uvk-lucius.de/schritt-fuer-schritt

Umlaufvermögen 88

Umsatzkostenverfahren 89

Umsatzrentabilität 133

Unternehmensentscheider 31

Unternehmensverkauf 24

WACC 113, 136

Wachstumsfinanzierung 23

Weighted Average Cost of Capital 113, 136

Wettbewerbsvorteil 40

Wirtschaftlichkeit 27

Working Capital 102

Working Capital Managements 127

Zahlungsziel 132

KOMPAKTER EINSTIEG IN DIE UNTERNEHMENSPLANUNG

Birgit Friedl
Unternehmensplanung
2., vollst. überarb. Auflage
2017, 138 Seiten, Hardcover
ISBN 978-3-86764-747-2

Unternehmen müssen heute mehr denn je auf neue Entwicklungen und Veränderungen reagieren, da diese die unternehmerische Tätigkeit direkt beeinflussen können. Es gilt, mit gezielten Maßnahmen frühzeitig entgegen zu steuern oder zu unterstützen. Ein zentrales Managementinstrument hierfür ist die Unternehmensplanung.

Dieser Band macht den Leser mit dem Gebiet der Unternehmensplanung vertraut. Er stellt die Planung als Managementfunktion dar und geht auf die unterschiedlichen Merkmale und Funktionen ein. Anschließend wird aufgezeigt, wie eine differenzierte und dezentralisierte Planung zur Koordination der Entscheidungen in der Unternehmung beitragen kann.

Dieses Buch unterstützt Führungskräfte dabei, Stärken und Schwächen der Unternehmensplanung zu bestimmen und den Planungsprozess effizient zu gestalten.

www.uvk.de

Der richtige Umgang mit Menschen im Beruf und Alltag

Nello Gaspardo
Von harten Hunden und hyperaktiven Affen
Der richtige Umgang mit Menschen im Beruf und Alltag
2017, 158 Seiten, Hardcover
ISBN 978-3-86764-834-9

Jeder Mensch ist einzigartig! Das ist fraglos richtig. Dessen ungeachtet finden Sie bei Ihren Mitmenschen wiederkehrende Charaktereigenschaften, mit denen Sie im Beruf und im Alltag umgehen müssen. Denken Sie nur an den harten Hund aus der Chefetage, den cleveren Fuchs aus dem Controlling oder den zappeligen, aber vor Ideen sprühenden Affen aus der Marketingabteilung.

Der Kommunikations- und Verhandlungsexperte Nello Gaspardo skizziert neun solcher Typen anhand von Tierbildern. Er zeigt deren Stärken und Schwächen auf und verrät Ihnen pointiert, was Sie im Umgang mit diesen Menschen unbedingt wissen sollten und wie Sie mit diesen Typen richtig kommunizieren.

Das Buch ist ein unverzichtbarer Ratgeber für alle, die im Beruf und im Alltag gemeinsam mit anderen Menschen schnell und harmonisch Ziele erreichen möchten.

www.uvk.de

Verhandeln wie professionelle Ein- und Verkäufer

Jörg Pfützenreuter,
Thomas Veitengruber
Die Everest-Methode
Professionelles Verhandeln
für Ein- und Verkäufer
2015, 230 Seiten, flex. Einb.
ISBN 978-3-86764-549-2

Der Erfolg gibt ihnen Recht: die Everest-Methode von Jörg Pfützenreuter und Thomas Veitengruber ist bei Konzernen und Mittelständlern gleichermaßen gefragt. Seit Jahren coachen sie Vertriebler und Einkäufer und lassen die eine Seite in die Karten der anderen schauen. Am Ende entscheidet die strategische, taktische und psychologische Raffinesse, wer als Sieger vom Verhandlungstisch aufsteht.

Ein Buch für alle, die im Einkauf oder Vertrieb arbeiten und ihr Verhandlungsgeschick um den alles entscheidenden Gipfelmeter voranbringen wollen.

www.uvk.de

DER Krimi
für alle WiWi-Studenten

Johann Graf Lambsdorff,
Björn Frank
Geldgerinnung
Ein Wirtschaftskrimi
2017, 180 Seiten, Broschur
ISBN 978-3-86764-812-7

Stell dir vor, dein Prof wurde ermordet und du bist der Hauptverdächtige. Was würdest DU tun?

Als Lester Sternberg eines Morgens in die Arbeit kommt, ist nichts mehr so, wie es einmal war. Denn er steht unter dringendem Tatverdacht seinen Chef, Professor van Slyke, ermordet zu haben.

Um seine Unschuld zu beweisen sucht er auf eigene Faust nach dem wahren Täter. Hilfe erhält er von der Studentin Milena – und die kann er sehr gut gebrauchen, denn der Mörder seines Doktorvaters ist nun hinter ihm her. Ist der Grund seine wissenschaftliche Arbeit über die Kritik am Bankensystem? Aber wer würde deshalb töten?

Eine rasante Verfolgungsjagd durch Europa beginnt, bei der einige Banken und ein internationales Forschungsinstitut verwickelt sind. Licht ins Dunkle könnten dabei bekannte Ökonomen bringen. Die sind längst verstorben, aber ihre Ideen sind wichtiger als je zuvor!

www.uvk.de